葉德平 著

香港鳳山寺與廣澤尊王研究

戊戌之冬月

白頭杰敬題

中華書局

目　錄

序　一

　　上世紀中葉以來，香港成為祖國南方重要的商埠門戶，其地理與經貿優勢吸引着全國各地人民在百多年間不斷移居至此，當中尤以閩粵地區人士為主。這一歷史累積，同時使到香港的華人社會匯聚了來自祖國東南部豐富多姿的宗教信仰與風俗文化，也成為香港道教的顯著特色。地方神明信仰長久以來都是道教紮根民間的基礎，明代《道藏》就收錄了關於天后、溫瓊、靈濟真君、梓潼等，以及列位在全國各地神明的經本或傳記。祂們之中有許多不僅生前有高潔的情操為百姓道德之楷模，成神後的靈應聖跡亦護佑一方鄉土，深受民眾廣泛崇信。源自福建省南安市的廣澤尊王信仰，可謂地方神明的典範。聖公忠孝節義的美德，在數百年間伴隨着閩人的遷徙傳播到全國各地與海外的華人社會。香港作為我國近代移民匯聚之地，自然也有聖公信仰的流佈。

　　葉德平博士是近年積極研究香港傳統文化的優秀青年學者，並長期關注本港的特色風俗與信仰發展。本書《香港鳳山寺與廣澤尊王研究》是葉博士建基於深入的文獻考證與實地調查撰寫而成的專著。書中對廣澤尊王的生平及信仰源流、典籍記錄與香港鳳山寺在本港的分靈衍化皆有翔實可靠的整理與論證，是認識聖公信仰乃至於中國地方宗教與移民專題不可多得的上乘佳作。本書的獨特價值更在於對廣澤尊王於本港的信仰發展與香港鳳山寺的善業有全面的介紹。這提醒我們聖公的靈應德化雖然在歷史上源起於閩地，但現今已經紮根香江，成為香港本地的神明信仰。2014 年 6 月，香港特區政府公佈香港首份非物質文化遺產清單，將「廣澤尊王誕」收錄為香港非遺項目之一，足證聖公的信仰及文化體現得到政府及社會的認可。香港社會對中西文明兼容並包，近年政府及民間對本土文化亦有漸

趨重視之勢。本書的出版不僅能夠讓讀者回顧香港那段與祖國內地緊密相連、互通往來的歷史，也能幫助我們重新思考應如何珍惜香港種種既有本土特點，亦有跨地域背景的傳統文化。葉博士在本書傾注的心力，非單為聖公神明信仰之源流作史證，也為銳意保育香港傳統宗教文化的學人樹立了值得借鑒的範式。

　　本人欣賞之餘，特書簡序以誌之。

香港道教聯合會主席

梁德華道長

二〇一九年五月三十一日

序 二

　　廣澤尊王，是香港鳳山寺主祀的神祇，又稱郭聖王、聖王公，俗姓郭，生於後唐同光元年，即公元 923 年，卒於後晉天福三年，即公元 938 年，距離今日有一千多年日子。聖王公生前侍母至孝，可謂「孝」之典範；而他也多次顯聖護國，更是「忠」之楷模。故此，一千多年來，聖王公一直為閩南人所信奉。

　　回思往昔，香港鳳山寺作為詩山祖廟的「分爐」，於 2008 年 12 月建廟至今已整整十年有多了。這些年來，我等信眾積極推廣聖王公的行孝、愛民、護國的精神與美德。我們相信，除了要傳承文化，更希望鼓勵香港青年奮發自強，所謂「少年強，則國強」，青年人要對社會更有承擔！

　　故此，當知道我們的鄉親 —— 生於詩山的葉德平博士有意撰寫有關聖王公的書籍時，我自然是義不容辭地支持的。今天，我謹代表福建南安詩山鳳山寺全人，祝願《香港鳳山寺與廣澤尊王研究》一紙風行，弘揚廣澤尊王的「忠孝」文化！

詩山鳳山寺寺務委員會主任

黃仕群

二○一九年七月

序 三

　　早在唐宋時期，泉州作為我國重要商埠，已是名滿天下。每年通過它進出的商品不計其數。隨着頻繁的商業活動，以及相關人員的往來，閩南文化也給帶至世界各地，諸如彼岸台灣、鄰近東南亞諸國，以及香港、澳門，都可以看到閩南文化的足跡。說到閩南文化，當然不能不提廣澤尊王。

　　廣澤尊王，又稱郭聖王，閩南鄉民一般會親切地稱呼他為「聖公」、「聖王公」。據民間史料記載，聖王公自唐末五代登仙以來，多次顯聖，救助鄉民百姓於兵燹天災之中，極受閩南鄉民崇拜，是閩南主要的民間信仰之一。隨着民眾出洋過番，聖王公信仰也傳播到世界各地，庇佑着在異國他鄉拼搏的閩南子弟，成為團結廣大僑胞的凝聚劑，以及維繫海外遊子與祖國、家鄉之間歷史聯繫、精神聯繫、文化聯繫的有力紐帶。

　　南安是聖王公坐化之地，人民崇信尤篤。因此香港南安鄉親很早就發願要建設一座寺廟，奉祀聖王公金身。2008 年 12 月 28 日，農曆戊子年十二月初二日，香港鳳山寺擇吉破土動工。歷經十年，終於建成，如今已頗具規模，香火鼎盛，吸引着愈來愈多的信眾。

　　葉德平博士《香港鳳山寺與廣澤尊王研究》一書的出版，更是標誌着廣澤尊王信仰在香港植根。葉博士原籍泉州，是我的老鄉，現任教於香港中文大學。他雖然年輕，但已經是一位知名的文學及歷史文化方面的學者，出版了多種著作。更難能可貴的是，他熱心社會工作，擔任香港鳳山寺宗教文化部部長，致力於閩南文化的傳播。新書出版，我謹致以萬分的祝福！同時，我也希望葉博士能繼續出心出力，為香港的文化教育事業和閩港兩地文化交流做出更大的貢獻！

香港福建社團聯會榮譽主席

林樹哲，GBS

二〇一九年七月

序　四

　　《香港鳳山寺與廣澤尊王研究》的出版，奉獻給海內外廣大讀者，尤其是年青一輩，承先啓後，繼往開來將鳳山文化意念推向更高層次，更深入民心，功德無量。

　　一個牧童的美好故事，流傳一千多年，十六坐化，大孝成神，護國佑民，香火不息，穿州過海，「寰球聖火鳳山爐」。據不完全統計，有分爐一千多座。

　　生於斯長於斯，自小霖沐在聖恩下長大。對鳳山寺，對廣澤尊王，無時不刻懷着感恩心情，誠惶誠恐為之出份綿薄之力，甚為寬慰。

　　忠孝、仁義、善愛與和諧，乃立身、立家、立國之根本。發揚鳳山文化，傳播忠孝精神，任重而道遠，鳳山古寺，群賢必至。更期望諸位善信、良賢大德，同心協力建設好、管理好香港鳳山寺，作為一帶一路平台，利用香港優勢，充分擦亮香港鳳山寺這特殊名片，打拼承擔，團結包容，社會穩定，世界和平。

　　鳳來儀，詩山牧子，大孝成神馨古寺；
　　水上善，香港抱團，慈航共渡譽明珠。

　　是為序。

香港鳳山寺管委會

李建超

二〇一九年三月

序 五

在一千年前，大約是後晉天福年間，郭姓牧童坐化成神。因為多次顯聖救國，所以自南宋開始，一直到清朝，不斷獲得當時皇帝的敕封，在同治年間，更獲准欽頒匾額為「威鎮忠應孚惠威武英烈保安廣澤尊王」，即今日簡稱的「廣澤尊王」。

去年，得悉賢侄葉德平正在寫《香港鳳山寺與廣澤尊王研究》一書，我即表支持。考我葉氏先祖惠澤尊王，與廣澤尊王關係殊深。二神同為守護閩南之神明，功著社稷，千年以來，香火鼎盛。故此，今天能為此書撰寫序言，實倍感親切。

明清以來，閩南人大量移民海外。在開拓事業之同時，也把廣澤尊王的信仰帶到海外。香港、澳門、台灣、印尼、新加坡、馬來西亞、泰國等「一帶一路」沿線的地區、國家，均可見廣澤尊王的影蹤，形成了獨特的「文化連繫」。

德平賢侄此書，旁徵博引，引用從宋至今之文獻，可謂考據精良。而且，還總結了香港鳳山寺十年來的發展，為香港閩南人留下深刻印記。在這裏，我謹代表香港南安公會，以及一眾鄉親，祝願《香港鳳山寺與廣澤尊王研究》培根鑄魂，頌揚廣澤尊王孝道精神，為推廣傳播中華文化做出更大貢獻！

香港南安公會會長

葉培輝

二〇一九年三月

前　言

後唐同光年間（923－926 年），2 月 22 日，郭姓童子在福建省南安市降世。其祖輩樂善好施，福蔭後人，故在十六歲之時，即後晉天福年間（936－944 年），他就羽化登仙。從南宋紹興朝開始，他屢受朝廷敕封──封號由最初的「威鎮廣澤侯」，到清同治九年，疊加至「威鎮忠應孚惠威武英烈保安廣澤尊王」，並由「侯」升格為「王」。因此，後世的善信稱他為「廣澤尊王」、「郭聖王」、「聖王公」或「聖公」等。

廣澤尊王信眾極多，除了內地，台灣、香港、澳門等地區，以及新加坡、印尼、馬來西亞、菲律賓、泰國等都有祂的寺廟。究其原因，主要緣於福建明清以後的移民潮。這些移民飄泊在外，自必需要精神寄託，於是兼具宗教場所與商會功能的同鄉會便應運而生。例如新加坡鳳山寺在南安會館成立前，就擔當寺廟與同鄉會的功能；它團結離鄉背井的鄉親，並照料着他們起居飲食的需要。[1] 而時至今日，上述這些海外寺廟仍然與福建宗親的同鄉會有着緊密的聯繫。

廣澤尊王在香港

廣澤尊王甚麼時候來到香港？相信這個問題，應該沒有確切的答

---

[1] 陳亦福在接受新華網新加坡頻道記者採訪時說：「南安會館是先有寺廟才有會館。國家古蹟鳳山寺擁有 178 年的歷史，成立會館 88 年，中間相差 90 年。在沒有會館之前，鳳山寺的功能就是把那些下南洋的南安人聚集一起。早先來的本地南安人要照顧他們的飲食起居。1926 年會館成立以後，漸漸取代鳳山寺的功能。2006 年，遭白蟻腐蝕的鳳山寺落架大修。」詳見鳳凰網資訊，2014 年 11 月 11 日報道，網址：http://news.ifeng.com/a/20141111/42442520_0.shtml。

案。因為廣澤尊王既是閩人的鄉土神，那麼有閩南人的地方，就會有廣澤
尊王。

　　雖然沒法探究廣澤尊王最早在甚麼時候來到香港，但還是可以通過一
些文獻資料的記錄，探知他最遲在甚麼時候來到香港。1967 年 8 月 6 日
《華僑日報》記載，開元禪院從福建南安迎來廣澤尊王的千年金身，並於
當年 8 月 1 日至 5 日進行「開光陞座典禮」。而自此，廣澤尊王就正式與
香港結下不解之緣。

　　2008 年 12 月 28 日，歲次戊子之十二月初二日是廣澤尊王在港的重要
里程碑，該天香港鳳山寺破土動工興建，並於翌年 1 月 18 日，戊子年十二
月二十三日初步竣工。香港鳳山寺是詩山祖廟的分爐，它的建成標誌着廣
澤尊王信仰在香港傳播的重要歷史。

　　至於廣澤尊王與香港文化的關係，則必須從 2014 年公佈的香港首份
非物質文化遺產清單說起。

　　「聯合國教育、科學及文化組織」於 2003 年通過《保護非物質文化遺
產公約》，並於 2006 年生效。自此，香港特區政府便籌劃進行全港性非物
質文化遺產普查，以蒐集研究數據，用以編製本港首份非物質文化遺產清
單。政府於 2008 年成立非物質文化遺產諮詢委員會，督導全港性非物質
文化遺產普查的工作，並於 2009 年 8 月委聘香港科技大學華南研究中心進
行全港性非物質文化遺產普查。經過三年多的時間，整項普查工作於 2013
年年中完成。2014 年 6 月，政府公佈香港首份非物質文化遺產清單，收錄
了 480 個重要的香港非遺項目。[2] 同年，「廣澤尊王誕」獲收錄至清單之內，
編號為「3.13」，屬第三大項「社會實踐、儀式、節慶活動」。項目內容是：

2　　詳見「非物質文化遺產辦事處」官方網頁：https://www.lcsd.gov.hk/CE/Museum/ICHO/
　　zh_TW/web/icho/the_first_intangible_cultural_heritage_inventory_of_hong_kong.html。

北角開元禪院舉行
廣澤尊王開光盛況

閩建人士最崇敬之保安廣澤尊王，近由該院主理人莊宏愿之保安廣澤尊王，廣澤尊王在未肉身成佛之前，乃閩省南安詩山人，姓郭，閩生於唐明年之千年法相，迎接來港。現供奉於北角體育館道十五號聯和大廈十三樓C座開元禪院，經由法C座（星期二）舉行開光歷座典禮，並一週五日功德，至昨日圓滿。

由閩南人從閩南迎來之神像，將談莊嚴肉身成佛名號，閩生於唐明年之二月廿二日，成道於農曆八月廿二日，（農曆本月廿五）舉一行千秋，號稱「九洲四海，醫存萬世」廣澤尊王榮銜。名叫，一閩建當地人士公一型王公。

香港佛教諸善信，敬備僧眾週日回向歿跪拜，其法力扶持，有求必日圓滿。港方南蓋佛，因而香火甚盛云。

1967年8月6日《華僑日報》報道特寫

廣澤尊王的不同法相。左一為詩山鳳山寺原來的千年金身；左二為開元禪院從福建迎來的神像；左三為1978年詩山鳳山寺重造神像；最右為香港鳳山寺新造神像。

「北角『開元禪院』為供奉廣澤尊王的法場，香港廣澤尊王慈善基金會有限公司於每年農曆二月二十二日，籌辦廣澤尊王的神誕活動，另有巡遊及法會等儀式活動。」

研究角度與方法

有關廣澤尊王與香港鳳山寺的研究成果不多，本書只能據僅有的文獻資料，輔以諸種研究方法考證。具體而言，本書整理前人研究的成果，梳理古今文獻資料、香港鳳山寺諸位管理人員的口述歷史，以及藉田野考察的方法，整理出較為寫實的香港鳳山寺和廣澤尊王的研究。

本書主要以「廣澤尊王信仰」和「香港鳳山寺」作為研究對象，結合香港的社會、歷史，探討：（1）兩本清代尊王的論著、（2）尊王傳說與敕封情況、（3）香港鳳山寺的歷史及其相關文化。

本書體例

目前，關於廣澤尊王的研究並不多，較為系統性的記錄都集中在清代，即楊浚的《鳳山寺志略》和戴鳳儀的《郭山廟志》。其他的文獻資料，都是較為零散，又或者考據不詳。因此，本書首重考據，期以條分縷析尊王的歷史。其次，重在記述香港鳳山寺概論。簡而言之，本書體例如下：

第一章〈概論〉：本章主要是後面諸章的基礎，簡介早期閩地信仰的特色，並重點論述這些信仰與居港閩人的關係。第一代來港的福建人，大多視香港為暫居地；到了第二、三代，他們開始對香港有「家」的感覺，而同鄉會的功能則由團結、聯絡新來港閩人，改變成為了本港福建族群與國內福建族群溝通的重要橋樑。同鄉會與宗教信仰關係密切，所以香港鳳山寺也成為了兼具團結族群與宗教祭祀的功能。另外，本章也梳理了今日

可見的文獻現狀，作為後面諸章研究的基礎。

　　第二章〈廣澤尊王研究之重要文獻〉：本章羅列有關廣澤尊王的史志文獻，並以圖表形式整理排列。接着，集中論述兩本重要文獻：楊浚《鳳山寺志略》和戴鳳儀《郭山廟志》。這兩部書是由清代閩南人撰寫，是重要的尊王研究文獻，並且是本書論述、闡發的基礎。

　　第三章〈廣澤尊王生平事跡考述〉：本章是全書兩大重點章節之一，主要考述廣澤尊王的生平及其中事跡。戴鳳儀《郭山廟志》是民國以前考證最翔實、記錄最全的一部作品，也是民國以前最後一部郭山廟（即鳳山寺）的志乘書籍，故此，本章據此為本，輔以其他文獻資料考訂撰寫。除了生平事跡外，本章還論證了一些有關廣澤尊王生平事跡的爭議，例如姓名、羽化登神之日、出生地及敕封等論題。

　　第四章〈香港鳳山寺紀事〉：本章是全書兩大重點章節之一，主要論述作為本地奉祀廣澤尊王主要廟宇的香港鳳山寺的建設情況，並詳述這十年以來，有關它的重要事件。其中，有關建寺過程的史料，將會以口述歷史的方法收集，受訪者是當時重要的參與者——洪成濱先生、陳偉洸先生和陳茂圳先生。

　　第五章〈鳳山瑣語〉：本章主要記錄一些有關香港鳳山寺與廣澤尊王的片段和零碎研究成果，例如香港鳳山寺的慈善工作、每年都會在香港鳳山寺進行的惠澤尊王祭祀活動，以及與信仰相關的藝文記錄。

感言

　　廣澤尊王信仰流傳至今逾千年，其碑記、銘文、敕封與文獻，或因明代島倭，或因天災兵燹，相繼流失，所以今日只能依靠寥寥可數的資料研究。其中，又以楊浚《鳳山寺志略》和戴鳳儀《郭山廟志》特別重要。上世紀末，北京中國文聯出版社邀請了黃炳火、黃子文、黃江海、梁海濱、

黃禎祝等為清光緒朝丁酉秋刊本《郭山廟志》進行點校工作，並以簡體字刊刻出版。此本（下稱「今本」）的長處在於有現代標點及新式排版，也有少量注釋，便於今人閱讀。然而其中部分字詞因故缺遺，頗為可惜。究其原因，大抵有二：一，原版文本有缺損；二，昔人有隱惡揚善之德，故凡指涉某姓某人為賊寇之語，均以□替代，而唯有輔以他本方能完整解讀其文。

　　幸好，後期得到詩山鳳山寺鳳山遊覽區管委會主任黃仕群先生贈予之《郭山廟志》影印本（下稱「詩山本」），才能一窺全貌。此本為清光緒朝丁酉秋刊本，與上述「今本」同為「詩山書院板藏」之本，因此大部分缺字都能補回。可是，到了寫作惠澤尊王傳時，我又發現此本缺此部分，未能據此補回「今本」之缺。

　　因為能力、識見之囿，我久久未能再找到其他版本。正當萬念俱灰，意欲放棄之際，筆者竟從網上找到哈佛燕京圖書館掃描之電子版本（下稱「哈佛本」）。此本也屬清光緒朝丁酉秋刊本，與上述之本相同。而所缺之字詞，亦悉數校勘補回。

　　總而言之，本書寫作極不容易。資料不全，加上筆者學淺識陋，所以斷斷續續寫了兩年有多。到了付梓之日，仍是極不滿意，終又反覆修訂。可是，此書總不能因我而拖延出版，所以今日還是硬着頭皮交付中華書局（香港）有限公司。於是，我唯有寄望日後能覓得新材料，繕寫修訂本，讓此研究能盡善盡美。同時，我也希望日後把戴鳳儀之《郭山廟志》全書重新標點校勘，並翻譯成白話，以公諸同好，彰顯神威。

　　說到這裏，我想藉這個機會感謝一下各位親朋好友。

　　首先，必須感謝香港鳳山寺的董事會、宗教文化部諸同工，他們出錢出力，玉成此事。其中，特別感謝洪培慶先生、洪成濱先生、陳偉洸先生和陳茂圳先生。

其次，我想藉此感謝我的父母。廣澤尊王信仰的核心是「忠」與「孝」，這是我父母從小就教導我的事情。他們都是殷實的南安人，從小到大，都堅持着在家裏使用閩南語交談，教導我福建的一切，也讓我成為一個沒有數典忘祖的福建人。他們虔誠地信仰着廣澤尊王，所以我也有義務為他們完成這一份心願、這一項功德。為彰顯他們的美德盛意，本書的全部稿酬，也將以我父親名義全數捐予香港鳳山寺，以作興教弘文之用。

　　另外，必須感謝本書研究助理劉玲女小姐，為本書做了許多基礎建設——搜集、整理大量資料。

　　並且，我更要感謝諸位鄉親、朋友，以及詩山鳳山寺。請原諒我未能一一具名，謹在此一併致謝。

　　囿於我的學識，書中或有訛誤不正之處，懇祈各方賢達先進包容，不吝指正，讓本書能精益求精。

葉德平

二〇一九年三月二十二日

香港中文大學

第一章

概論

今日的福建，在古代，是閩越人聚居的地方。閩越屬古代百越[1]部落的一支，由戰國時期原居於楚地的越人，與當地的百越原住民所共同建立的一個國家。追本溯源，閩越文化可算是福建文化的基礎。[2]

　　從古到今，閩人都對宗教信仰格外重視，因為在他們的心中，信仰早已印刻在他們的歷史、文化，以及生活的種種細節上，是日常生活裏不可或缺的一部分。早在秦漢以前，閩越人便以「信鬼尚巫」聞名；而「信鬼尚巫」也是中國原始宗教的重要一環。

　　這裏所說的原始宗教，主要體現在靈魂不滅、萬物有靈的信念，以及圖騰崇拜諸方面之上。

　　從四千年以前曇石山文化[3]遺址的墓葬裏，可以看到許多石器、陶器之類的隨葬品；而這些隨葬品的出現，正是因為閩越人篤信「靈魂不滅」。在古閩越人眼中，死後有另一個世界，這些亡者生前使用過的器具，可以通過隨葬入土的方式，跟着亡者到達那個「死後的世界」，作為他們的日常用品。同時，在「靈魂不滅」與「萬物有靈」觀念的支配下，閩越人賦予自然界山川河嶽和動植物一個「靈魂」，讓他們擁有人類的意識，甚至超越自然的力量。故此，先秦以前，山神、河伯、蛇龜蛙雞等，都一一成為他們的膜拜對象。

　　其後的東漢至宋元時期，北方神祇信仰逐漸傳入福建，而且慢慢「本土化」，成為福建的本土信仰。

1　古代越族居住在江、浙、閩、粵各地，每個部落都有名稱，而統稱百越，也叫「百粵」。參考自黃志勇：《數字詞語集》（成都：四川辭書出版社，2012 年），頁 211。

2　閩越人在閩越建國前便一直居住在閩江一帶（現為福建省福州市一帶），在《周禮》和《山海經》等先秦典籍早已寫到在商周的時候，「七閩」的部落已在如今的福建進行活動。

3　曇石山文化是中國東南沿海地區新石器時代晚期的主要文化之一，因曇石山遺址的發現而得名。曇石山遺址位於閩江下游，福建閩侯縣甘蔗鎮曇石村。參考自鍾禮強：《曇石山文化研究》（湖南：岳麓書社，2005 年），頁 1。

　　西漢元封元年（前 110 年），漢武帝派軍入閩，閩越國滅亡。此後隨着中原戰亂頻仍，大批原居於北方的漢人為逃避禍亂，舉族遷入福建。北來的漢人不僅帶來了中原先進的生產力，加快了福建的經濟開發與社會發展，同時也帶來了漢民族的傳統文化，其中包括宗教信仰與風俗習慣，大大豐富了福建原有的信仰內容。例如西晉太康年間（280－289 年），侯官（今福州）建造了全省第一座城隍廟；永嘉年間（307－312 年），邵武城出現了奉祀「社神」[4]的社廟，無不印證了福建信仰逐漸受到漢文化的影響。

　　到了唐代至唐末五代時期，隨着陳元光[5]開漳，以及王審知[6]入閩，北方民眾移民大量湧入福建，而中原的信仰也跟着傳入。例如，在閩南影響甚大的謝王[7]信仰，即由陳元光開漳時從中原地區帶入的。當時，陳元光隨父入閩平定蠻獠之亂，把謝王信仰帶入閩南。而當謝王信仰傳入閩南後，影響逐漸擴大，漳州府各地以謝王為主神的宮廟隨處皆有，如海澄縣河福庵、普賢庵、下庵、月鏡岩、正順廟，平和縣崎嶺庵、羅寨庵、崇福廟，漳浦縣謝東山廟等，均為漳州一帶影響較大的官廟。[8]

　　唐五代至兩宋是福建發展的「起步階段」，這時候，福建漸漸跟上了

4　社神即土地神，是中國古代帝王所祭祀的配社之神，泛指后土，與稷神后稷合稱「社稷之神」。

5　陳元光（657－711 年），是史上首位漳州刺史，因討潮寇死事，獲贈「臨漳侯」，諡「忠毅」。陳元光及其祖孫戍閩開漳有功，為閩人世代景仰，故尊崇他為「開漳聖王」，並立廟奉祀。

6　王審知（862－925 年），五代十國時期閩國建立者。天祐四年（907 年），朱溫晉升王審知為中書令，封「閩王」。王審知在位期間時，施政皆以百姓為本，故福建的經濟、文化在這時段有很大的發展。閩同光三年（925 年），王審知去世，享年六十四歲，諡號「忠懿王」。其子王延鈞其後稱帝，追諡為「昭武孝皇帝」，廟號「太祖」。因王審知三兄弟對福建發展貢獻很大，故閩人尊稱其為「開閩尊王」、「開閩聖王」或「忠惠尊王」。

7　謝王，即東晉宰相謝安，曾在淝水之戰中以弱勝強，大敗前秦軍隊。

8　今日仍有不少廟宇供奉謝府千歲（東晉謝安）和謝府王孫大使（東晉謝玄）。

中原先進地區的步伐。然而，伴隨着福建經濟文化的發展，當地的民間神祇信仰系統也迎來了一場前所未有的、聲勢浩大的變動。這時，大量的本土神靈因應民眾的需要而出現，並逐漸發展為後世福建神祇信仰的主導力量。這樣子的文化和宗教信仰，為日後福建濃厚的民間信仰氛圍埋下了伏筆。

第一節　信仰與居港閩人之關係

自秦漢以後，一波又一波的北方漢人源源湧入，給福建帶來了中原地區的宗教信仰與風俗習慣。在本土文化與中原文化的激盪衝突下，福建形成了獨特而又繁複的神祇崇拜傳統。而這源遠流長的歷史文化，也深遠地影響着今日的中國文化和風俗。縱使福建人因不同原因而離開家鄉，但他們亦不輕易把自身的文化特性淡忘，反而因為遠離家鄉而對之更為珍視。而這些文化，也正因為這群人得以保存下來，成為了包括香港和東南亞在內的重要文化遺產。

1842 年，香港成為了英國的殖民地。因着英國的強大政治與軍事資本，香港從一個不知名的偏遠小漁村，一躍晉升到國際大舞台。同時，因着香港的特殊身份，它能在中國改革開放和華人移民的歷史上，扮演一個極其重要的角色。而「血緣」和「地緣」這「兩緣」關係，更使香港在英國殖民統治下，仍然能與內地保持着與生俱來的聯繫，從未間斷。

1.1.1　第一代福建移民：視香港為暫居地

中華民族，是一個鄉土觀念濃厚的民族，這一點在近代居港閩人之中，表現得尤為明顯。著名社會科學學者費孝通先生曾經說過：「從基層上看，中國社會是鄉土性的」，[9]而居港閩人所體現的「鄉土性」卻不只是純粹的「物理遷移」，反之，這更可以算是「精神遷移」——把家鄉文化也一同遷移到香港。

早期，出於生活需要，居港閩人大多只視香港為出外謀生之地，「家」與「根」，還是千里之外的福建。

筆者是第三代移民到香港的福建人；猶記得祖父，即家族第一代移民，從來只把香港當作成一個「暫居地」，非終老之鄉。當日，他去世之後，父親按照了他的遺願，從香港移葬到福建老家。祖父，像眾多早年來港的福建人一樣，把家眷安置在家鄉，隻身來港打工謀生，然後將賺到的錢寄回家鄉，建築大屋。他們都相信：有朝一日，終究是會回到「老家」福建的。當然，有一些事業發展得較順利的，也會在港置業，但是落葉歸根之處，還是家鄉。故此，在家鄉買田置產，對他們來說比在香港買樓，或者更加重要。

對第一代移民來說，他們並沒有因為「物理」的移徙而忘卻自己是中國人的身份，身份認同問題也從不存在。而這一特點，一直延續至「二戰」前後，也沒有發生實質性變化。

9　費孝通：《鄉土中國》（上海：上海人民出版社，2006 年），頁 5。

1.1.2　第二、三代福建移民：藉同鄉會連繫彼此

1950 年代，香港人口激增至 220 萬。直至 1956 年，香港成了世界上人口密度最高的地方之一。[10] 而在當中亦不乏福建華僑，尤其是閩南人，他們大多是攜老扶幼移居香港。

由於地緣因素，香港華人主要以客家語或廣府話溝通，而洋人則以英文為主。當時的福建人，初來乍到，人生地疏，既不會廣府話，又不會英語，生活、工作都很不方便。因此，同鄉會的互相支持，對他們來說，是格外重要的。

同鄉會的出現

香港福建同鄉會是香港最大之社團之一，於 1939 年創立，由胡文虎、鄭玉書、莊成宗、林靄民等海外鄉賢倡議成立，以支持抗戰救國。1939 年 2 月 5 日，諸賢在香港成立了「福建旅港同鄉會」，由胡文虎任首屆主席。1941 年冬，香港淪陷，會務被逼停頓。直至 1945 年秋，香港光復，會務再度恢復。1969 年註冊為「福建旅港同鄉會有限公司」。1986 年易名「香港福建同鄉會有限公司」。[11]

有鑑於閩人下一代，因言語阻礙，難以繼續升學，福建旅港同鄉會有限公司的有識之士（包括理事黃長水、莊成宗、郭徵甫等人）牽頭，招集賢達，募集資金，租賃校舍，選聘教師，興辦學校，於 1951 年 3 月 19 日在北角建成一間規模頗大的「福建中學」。它還設有小學部等，推行普通

10　Beatrice Leung and Shun-hing Chan, *Changing Church and State Relations in Hong Kong, 1950-2000* (Hong Kong: Hong Kong University Press, 2003), p. 24.

11　福建省炎黃文化研究會、世界（澳門）閩南文化交流協會編：《閩南文化的當代性與世界性》（福州：海峽文藝出版社，2015 年），頁 275。

話教學，以滿足福建子女移居後的教育需要。

除了香港福建同鄉會這種省級同鄉會外，隨着來港的福建人愈來愈多，不同鄉鎮級的同鄉會也陸續成立。他們成立的宗旨，大多是為了讓離鄉背井的鄉親有個倚靠，互相支持走好在香港的路。以成立於 1979 年的南安公會為例，它奉行的宗旨就是「敦睦鄉誼，同舟共濟」，正是與一眾以團結鄉親為旨的同鄉會一樣。

宗教與鄉誼活動密不可分

同鄉會是一個社會功能豐富的組織，除了「護僑」、「救鄉」和「敦睦鄉誼」這三大功能外，更在無形之中，透過形形色色的活動，在異鄉傳承家鄉文化。其中，尤以宗教文化，最為凝聚人心。

無數遊子的心中，都有一個家鄉的形象。它可能是一種味道，可能是一座建築物，也可能是一場又一場的祭祀儀式。這個「家鄉」是抽象，是難以把握的，必須通過一個現實場景或實物來實現。

西方人的教堂是肅穆的，因為他們需要肅穆的、威嚴的、幽深的和挺拔的建築，營造一種震懾人心的氛圍，強化其感染，使來者一進門就不由自主地斂其俗態和滌其俗心，重啟自己可能已經塵封了的善念。

相反，中國的寺廟卻帶來像家人的親厚感覺。香港的福建寺廟、道壇，大多與同鄉會有緊密的聯繫，祭祀與鄉里聚會，基本上是難以分割。從信仰層面上看，宗教活動上居港閩人在精神層面的滋潤和教化，寺廟廣播「積善成德，而神明自得，聖心備焉」[12] 的概念，使鄉人能做到互相幫助，救貧濟孤。從倫理層面上看，寺廟除了是宗教活動進行的場所外，更是同鄉之間聯繫鄉誼的好地方。因為在共同的神祇之前，我們無論賢愚貴

12　韋政通：《中國哲學辭典》（長春：吉林出版集團有限責任公司，2009 年），頁 494。

香港南安公會成立三十八周年第十八屆理監事就職典禮。

賤，都是卑微的，並非分別。

　　因此，在閩僑聚居的北角裏，大大小小與同鄉會有着直接或間接關係的寺廟、道壇幾乎處處可見。在「小福建」春秧街[13]置身的北角區內，已建設了鎮海宮、[14]香港寶泉庵、[15]香港石獅城隍廟、[16]顯淋宮，[17]以及開元禪院[18]等五間福建寺廟。前四者都與居港閩人同鄉會有直接或間接的關係，例如旅港深滬東垵聯友會、香港奎霞同鄉會，以及石獅寬仁旅港同鄉會。

　　走在北角英皇道上，放眼望去，兩側高樓上懸掛着各式各樣的同鄉會招牌，僑冠大廈、亞洲大廈、美輪大廈與麗宮大廈，都不難發現福建同鄉會或福建人組織的招牌。同鄉會與宗教團體，兩者在多年來的相扶下，已

13　春秧街素有「小福建」的稱號，這是因「郭春秧」而命名。郭春秧，福建同安人，早年喪
　　父。十六歲遠渡南洋，投靠伯父郭河東，在糖廠學習以機器製糖的技術。後來成為當地四
　　大糖商之一，糖廠遍佈荷屬東印度各埠。他亦曾回家鄉福建投資和捐助，同時參與廈門鼓
　　浪嶼的開發和到香港擴展糖業和地產業務。他在 1921 年成功投得北角發電廠（即今天的
　　城市花園旁）一幅土地，原本計劃填海後興建糖廠，後來省港大罷工而延誤，加上當時
　　糖價不斷下跌，郭春秧於是把填好的土地轉為地產項目收租。最先出現的是一排四十間的
　　相連樓房，故此老一輩亦稱春秧街為「四十間」。1930 年代，政府將該處其中一條街命名
　　為「春秧街」，以表彰他的貢獻。

14　香港鎮海宮籌設於 1998 年，由定居香港北角的福建晉江深滬人設立，並於 2000 年正式
　　創立，廟宇坐落於北角亞洲大廈，香港鎮海宮的香火來自晉江鎮海宮，主祀代巡王爺，俗
　　稱阿爺公。

15　香港寶泉庵位於北角英皇道麗宮大廈，寶泉庵主祀神保生大帝，旁祀玉皇上帝、觀世音菩
　　薩、三坪祖師以及女媧娘娘。

16　香港石獅城隍廟位於北角英皇道美崙大廈，主祀石獅城隍爺，旁祀忠祐侯夫人媽、玄天
　　上帝、開山殿七位大總巡、馬舍爺、開山殿七位大總巡、夫人媽、觀音佛祖以及開山殿
　　二十四司。

17　顯淋宮位於北角麗宮大廈，供奉比干公，顯淋宮主祀保生大帝，旁祀玉皇上帝、夫人媽、
　　境主公與三十六將公。

18　開元禪師位於北角英皇道皇都大廈，由辜安慶居士創建，初設於北角電廠街聯和大廈，主
　　祀廣澤尊王。

居港閩人信眾在香港鳳山寺內誠心參拜。

難分彼此，鄉誼與信仰也在不斷的宗教活動下，愈來愈顯得堅實。

1.1.3　香港鳳山寺逐漸成為居港閩人的聚落

　　早期到港的閩籍人或閩籍南洋華僑主要居住在北角區，其中尤以聚居春秧街一帶的最多。這一帶是香港閩籍人口密度最高的地區，而閩南語也順理成章地成為這幾條街道的最常用口語。然而，福建人的語言與生活習慣始終跟廣東人不同，因此，無論情感上，還是實際上，他們都十分需要一個組織作為聯絡點，讓他們在生活上能互相幫助、扶持。因此，像南安公會、福建同鄉會一類的同鄉會組織應運而生。

　　早期，同鄉會的主要功能是團結、聯絡新來港閩人的力量。它們為鄉里提供各類體育活動，藉鄉親的聚會，填補他們在公餘時候的心靈空虛。而隨着「第二代移民」的落地生根，同鄉會的功能也改變了 —— 它們成為了本港福建族群與國內福建族群溝通的重要橋樑。

　　改革開放以後，國內經濟日漸起飛，「第二、三代移民」也開始尋求更深度的合作關係，然而，因為他們早已長居香港，所以與國內族群的聯繫已不如往昔的堅實。同鄉會於是成為了他們連繫家鄉、接通國內政經人脈的一個重要中介者。而對老一輩的鄉人來說，即使每天只是到同鄉會閒坐，與鄉親閒聊，他們已能在很大程度上得到心靈慰藉，因為作為一個曾經的「外來者」，始終有種城市疏離感。唯有與「同聲同氣」的鄉親交往，才能使他們得到一份「親切感」。

　　香港鳳山寺是一座主要奉祀廣澤尊王的寺廟，它除了是福建人的宗教祭祀場所外，也是聯絡居港閩人的地點。

　　前文提及，在北角區內，有不少奉祀福建神明的道壇、庵堂，可是礙於它們的建築面積問題，並不適宜大規模的宗教活動。因此，自從香港鳳

位於屯門小坑村的香港鳳山寺。

山寺建成始，每年年初，居港福建葉氏宗親及一眾信徒都會假座香港鳳山寺，舉辦「惠澤尊王神誕」的祭祀活動。

　　香港鳳山寺近年來也慢慢成為了本地福建人聯誼、聚會的主要場所。每年大大小小的祭祀活動，在不經不覺中成為鄉親聚會、見面的一個理由。每次廟中舉行重要祭祀活動後，義工都會為鄉親烹調麵線、糖粿等家鄉食品，讓大家邊吃邊聊，一方面回憶一下家鄉的味道，另一方面也見見親朋戚友。除了日常的祭祀活動外，在每年九月、十月的「廣澤尊王千秋寶誕」，香港鳳山寺都會舉辦「千人特色閩南菜聯歡晚宴」，[19] 筵開過百席。這個活動很多時也會與同鄉會有聯繫，故此，它也是重要的鄉親聯誼活動。

19　除了農曆二月二十二日的「廣澤尊王寶誕」外，每年香港鳳山寺還會在農曆八月二十二日舉辦「廣澤尊王千秋寶誕」慶祝活動。農曆八月二十二日當天早上會進行拜祭儀式，到了晚上就會舉行「千人特色閩南菜聯歡晚宴」慶祝。當晚，寺方會邀請福建詩山的大廚親臨現場，烹調詩山傳統美食。
一般人多認為福建地處中國東南沿海位置，食材當以海鮮為主；然而，這只是美麗的誤會。福建其實是「八山一水一分田」，「水」不過是其中十分之一，「山」才是福建的主流地貌。而其中的南安市，也即是廣澤尊王祖庭「詩山鳳山寺」所在，更是山多水少，只有石井一鎮是臨海的。因此，上面所說的詩山傳統美食，其實是以「山珍」為主，少有「海錯」。其中，還有所謂「詩山四大名饌」——「闊嘴滷麵」、「玉湖粕丸」、「粘枝蔥油粿」與「三友肉粽」，而前三者是香港鳳山寺「千人特色閩南菜聯歡晚宴」的重點好菜。參考自張緒欽：《解碼福建》（福州：福建人民出版社，2015 年），頁 21。

香港鳳山寺廣澤尊王千秋寶誕盛況。

　　總的來說，無論社會改變多大，同鄉會凝聚鄉里的功能多年不變。福建人重視宗教信仰，所以在同鄉會會址之內，常常也兼設庵堂和壇位，供奉共同的家鄉神佛。可見，同鄉會照顧了鄉親的物質需要，也照顧了他們的心靈訴求；同時，這也說明了鄉誼活動與宗教活動，在今日的香港已結下了不可分割的關係。

第二節　　兩岸三地研究概況

　　目前，關於廣澤尊王的研究並不多，筆者可見的，僅有期刊論文十篇、學位論文一篇、論著八本。究其原因，主要因為廣澤尊王相關的文獻資料並不多，而且較為系統性的記錄都集中在清代，即楊浚的《鳳山寺志略》和戴鳳儀的《郭山廟志》。其他的文獻資料，都是較為零散，又或者考據不詳。再者，廣澤尊王研究本質就是一個涉及多個專業的跨學科研究（例如歷史學、宗教學、民俗學等），焦點也不易把握。

　　有關廣澤尊王的民間記錄很多，大多是互相轉引，又多是傳聞傳說，不適用於本書。故此，下文所述之研究概況，只限於上述的學術論文和專著。總的來說，合共有十九筆。

1.2.1　期刊論文

　　有關的期刊論文有十篇，焦點主要在兩方面：一、廣澤尊王信仰的社會意義；二、廣澤尊王與東南亞華僑的關係。這些文章不是以廣澤尊王為主要研究對象的論文並不多，而且研究方向頗為零散，因此只選取內容

與廣澤尊王有關聯之論文，其他不以廣澤尊王為主要研究對象之論文則不贅。

一、廣澤尊王信仰的社會意義

陳佳穗〈廣澤尊王傳說研究〉、[20] 李玉昆〈廣澤尊王信仰及其傳播〉、[21] 陳梅卿〈西羅殿廣澤尊王遶境活動〉[22] 和丁仁傑的〈廣澤尊王遊台灣：漢人民間信仰神明階序的結構與展演〉[23] 等四篇論文，都是以論述談及廣澤尊王信仰的社會意義為主。

陳佳穗的焦點在傳說研究之上，她把廣澤尊王的各個傳說分類，探討其所代表的社會意義，指出這些傳說反映了民眾對信仰主體的期待、依賴與畏懼情感，證明這些傳說在民間信仰的傳播及演變過程之中融入了民眾集體意識。

李玉昆則相對簡單。他簡述了廣澤尊王的傳說，以及其在閩台與東南亞等地的傳播概況。然而，內容相當偏於敘述性，而且沒有對廣澤尊王信仰深入分析。

上述兩篇主要以古代的廣澤尊王傳說為研究對象，進行分析與論述；而陳梅卿與丁仁傑則立足於現代的資料分析。

20　陳佳穗：〈廣澤尊王傳說研究〉，《桃園創新學報》，第 34 期，2014 年。

21　李玉昆：〈廣澤尊王信仰及其傳播〉，《世界宗教研究》，第 3 期，1997 年。

22　陳梅卿：〈西羅殿廣澤尊王遶境活動〉，《成功大學歷史學報》，第 20 期，1994 年 12 月。

23　丁仁傑：〈廣澤尊王遊台灣：漢人民間信仰神明階序的結構與展演〉，《民俗曲藝》，第 177 期，2012 年 9 月。

陳梅卿藉 1993 年台南市西羅殿廣澤尊王神轎遶境 [24] 台南市內的實況記錄，探討廣澤尊王信仰的宗教、社會與經濟意義。同時，也通過對「遶境」的開支及西羅殿當時狀況的研究，呈現台南市內廣澤尊王信仰的概況。丁仁傑則使用了「2009 年大陸南安詩山鳳山寺廣澤尊王祖廟神尊遊台巡香」作為案例，探討宗教權威階序在民間信仰的廟會活動中的建構及展現。較為特別的是，丁仁傑運用了西方理論說明宗教在實踐操作時的邏輯，不過，這卻與研究廣澤尊王信仰並沒有太大關係。

二、廣澤尊王與東南亞華僑的關係

明清幾代的閩人，因生活原因，飄洋過海，到達東南亞等地，同時，他們把自身的宗教信仰也帶到當地。王立芳〈神廟與近代新加坡華僑、華人社會〉[25] 一文，就是以神廟與新加坡華僑社會的關係為研究重點，論述當地華人神廟在祭祀以外，在政經、民生等範疇所擔當的角色。由於本文的焦點在於通過華僑的宗教信仰問題，考析華僑、華人社會的發展概況，所以偶有提及廣澤尊王。

李天錫挺專注於福建民間信仰的研究，他的〈福建民間信仰在東南亞的傳播和影響〉[26] 介紹了福建主要的民間信仰在東南亞地區的傳播歷史和情形，當中包括廣澤尊王，並分析了這些民間信仰在凝聚華僑與祖籍國關係

24　遶境又稱「遊行」、「遊境」、「出巡」、「巡庄」、「巡境」，指本境眾善信從神殿內迎請該境神明的神像，安奉於神橋，代表神明降臨人間巡視，從廟宇出發巡行境內的街道，民眾即跟着隊伍隨香，沿途各家戶則擺香案祭拜，祈求保佑，使合境平安。參考自《全國宗教資訊網》，https://religion.moi.gov.tw/Knowledge/Content?ci=2&cid=224，2019 年 6 月 22 日下載。

25　王立芳：〈神廟與近代新加坡華僑、華人社會〉，《世界民族》，第 4 期，2009 年。

26　李天錫：〈福建民間信仰在東南亞的傳播和影響〉，《華僑大學學報（哲學社會科學版）》，第 1 期，1998 年。

方面有着重要作用。隨着華僑逐步融入當地社會，某些民間信仰亦發生變化，並對當地產生影響。而他的另一篇論文〈廣澤尊王信仰在華僑華人中的傳播和影響〉[27] 則集中分析了廣澤尊王信仰在新加坡及其他東南亞國家華人中傳播的情況，並認為此信仰具有中國傳統文化的凝聚力和向心力。

其他

還有一些以廣澤尊王為研究對象的論文，然而其所論述的問題，焦點並不集中。例如，廖淵泉在〈郭聖王成神與廣受信仰初探 —— 兼談戴鳳儀先賢《郭山廟志》〉[28] 中，即以《郭山廟志》為主，分析了廣澤尊王的生平、成神過程等等，繼而歸納出其主要職能。可是，它的資料大抵都是單從《郭山廟志》一書擷取，重複多、闡發少。另外，顏章炮的〈台灣民間若干神祇由來辨誤〉[29] 及陳元煦與張雪英的〈關於郭聖王、臨水夫人研究中的幾個問題〉，[30] 也是通過舊有文獻資料，對廣澤尊王的姓名、出生年代等等進行考證和辨析的文章，整體來說，算是相對的清晰、客觀，然而，都是一些基本資訊的收集、整理，沒有進行深入的探討。

27　李天錫：〈廣澤尊王信仰在華僑華人中的傳播和影響〉，《華僑大學學報（哲學社會科學版）》，第 3 期，2004 年。

28　廖淵泉：〈郭聖王成神與廣受信仰初探 —— 兼談戴鳳儀先賢《郭山廟志》〉，《泉州民間信仰》，總第 17 期，2001 年 12 月。

29　顏章炮：〈台灣民間若干神祇由來辨誤〉，《台灣研究集刊》，第 2 期，1995 年。

30　陳元煦，張雪英：〈關於郭聖王、臨水夫人研究中的幾個問題〉，《福建師範大學學報（哲學社會科學版）》，第 1 期，1998 年。

1.2.2　學位論文

有關廣澤尊王研究的學位論文只有一篇，是陳蓉的碩士學位論文 ——〈廣澤尊王信仰研究〉。[31] 陳蓉以廣澤尊王信仰發展為主體研究對象，運用「文獻研究」及「田野考察」兩種研究方法，較為全面地分析了廣澤尊王信仰的來源與轉變。論文大致由五個部分組成，分別是：一、以歷代史料對廣澤尊王的姓名、籍屬、生卒年及敕封進行了考證。二、歸納和整理廣澤尊王從「忠」到「忠孝」的形象演變，總結出民間造神的規律。三、針對從廣澤尊王衍生出的十三太保，分析廣澤尊王信仰在福建的傳播。四、從古代和現代移民探討廣澤尊王職能的轉變。五、解讀清代的《鳳山寺志略》和《郭山廟志》，分析二書的差異及其原因。

陳蓉〈廣澤尊王信仰研究〉是一篇難得一見內容翔實的相關論文，也是廣澤尊王研究中，較為重要的參考資料。

1.2.3　論著

近世有關廣澤尊王研究的論著不多，專著尤少，只有八本。

專著主要有兩本，其重要性不言而喻。第一本是由新加坡南安會館鳳山寺出版、梁毅編著的《敕封廣澤尊王史料選輯郭忠福》。[32] 該書彙編了大量與廣澤尊王相關的史料，包括廣澤尊王在諸本志記所載的本傳、傳說及簽詩等。並且，它簡介了各地的鳳山寺分寺、神壇。該書是以輯錄、彙總為本，大量收集廣澤尊王史料，並不涉及校證、論述與分析的工作。

31　陳蓉：《廣澤尊王信仰研究》，福建師範大學宗教學碩士論文，2008 年。

32　梁毅：《敕封廣澤尊王史料選輯郭忠福》（新加坡：新加坡南安會館鳳山寺，1996 年）。

由新加坡南安會館鳳山寺出版的《郭忠福》。

　　第二本是台灣學者陳梅卿的《說聖王‧道信仰：透視廣澤尊王》。[33] 這是一本深入研究廣澤尊王的專書。作者主要以「田野考察」為主，結合「文獻研究」與「口述歷史」等研究方法，深入探討了台灣的廣澤尊王信仰。全書共有九章，作者首先介紹了廣澤尊王的來源及在台分廟的具體分佈、建廟情況，然後講述神壇的祭祀形式。另外，探討廣澤尊王廟壇的經濟和管理是此書特別之處，同時作者還對信徒作出調查和訪問，研究了信仰來

33　陳梅卿：《說聖王‧道信仰：透視廣澤尊王》（台南：台灣建築與文化資產出版社，2000年）。

源如何在台灣當地確立。此書的研究對象是台灣地區,是研究台灣當地廣
澤尊王信仰重要的參考資料。

除上述二書外,魏應麒《福建三神考》[34]亦是另一本值得參考的著作。
該書是成書年份較早的作品,成於 1939 年,由中山大學出版。該書以編
年形式分類史料,梳理有關廣澤尊王的傳說或史實,並以年表整理信仰
歷史的流變。該書清晰、易讀,但因主力於傳說的整理,沒有更深入的
分析。

另外,還有五本旁及廣澤尊王研究的論著,包括林國平與彭文宇《福
建民間信仰》、[35] 林國平《閩台民間信仰源流》、[36] 徐曉望《福建民間信仰源
流》、[37] 馬書田《中國民間諸神》、[38] 和李天錫《華僑華人民間信仰研究》;[39]
它們都是以民間信仰為主題的著作,書中只有個別篇章介紹廣澤尊王及其
信仰源流。

至於古代文獻方面,有關廣澤尊王的古籍並不多,最早可追溯至南宋
王冑〈郭山廟記〉(宋碑),[40] 不過根據明代陳學伊〈郭山廟記〉[41] 記載,此
碑早在嘉靖年間被島倭燒燬,直至陳學伊後來「撿二記於廟門外」才重新

---

34 魏應麒:《福建三神考》。轉載於葉春生主編:《典藏民俗學叢書(中)》(哈爾濱:黑龍江
    人民出版社,2004 年),頁 1583−1670。

35 林國平、彭文宇:《福建民間信仰》(福州:福建人民出版社,1993 年)。

36 林國平:《閩台民間信仰源流》(福州:福建人民出版社,2003 年)。

37 徐曉望:《福建民間信仰源流》(福州:福建教育出版社,1993 年)。

38 馬書田:《中國民間諸神》(北京:團結出版社,1997 年)。

39 李天錫:《華僑華人民間信仰研究》(北京:中國文聯出版社,2004 年)。

40 〔南宋〕王冑:〈郭山廟記〉。文見清戴鳳儀纂:《郭山廟志》(北京:中國文聯出版社,
    1999 年),頁 90−91。

41 〔明〕陳學伊:〈郭山廟記〉。文見清戴鳳儀纂:《郭山廟志》(北京:中國文聯出版社,
    1999 年),頁 92−93。

出現，[42] 但碑上文字已多模糊不清。及至清朝康熙年間，陳遷鶴在〈遊郭山記〉[43] 一文中提及，後人將碑上磨滅的部分根據自己的記憶而將王冑的〈郭山廟記〉補齊。

　　地方志方面，由明代至清代均有廣澤尊王之記載：明《八閩通志》、[44]《閩書》、[45] 清《南安縣志》、[46]《福建通志》[47] 及《泉州府志》。[48] 不過這些古籍記載的內容不多，大多只有廣澤尊王的姓名、出生地及成神傳說，其他細節並沒有提及。

　　至於清代徐松從《永樂大典》及《宋會要》輯出之《宋會要輯稿》，則有簡短篇幅提及廣澤尊王在宋朝的敕號，[49] 可用作輔助參考。另外，清代道光年間曾天爵著的《敕封廣澤尊王譜系輯略》則沒有流通版本，現存於台灣的鳳山寺分寺，因此未能見全貌，僅可自其他書籍中引用有關篇章。

　　最重要的古籍，莫過於清光緒十三年，楊浚編撰的《四神志略・鳳山寺志略》[50] 和清光緒二十三年戴鳳儀所編撰的《郭山廟志》。[51] 兩本均是專門

42　〔明〕葉（闕名）：〈郭山廟改修路記〉。文見清戴鳳儀纂：《郭山廟志》（北京：中國文聯出版社，1999 年），頁 94。轉引自陳蓉：〈廣澤尊王信仰研究〉，福建師範大學宗教學碩士論文，2008 年，頁 5－6。

43　〔清〕陳遷鶴：〈遊郭山記〉。文見清戴鳳儀纂：《郭山廟志》（北京：中國文聯出版社，1999 年），頁 98－100。

44　〔明〕黃仲昭修纂；福建省地方志編纂委員會主編：《八閩通志（下）》（福州，福建人民出版社，1991 年）。

45　〔明〕何喬遠編撰：《閩書（第一冊）》（福州，福建人民出版社，1994 年）。

46　〔民國四年〕戴鳳儀總纂；南安縣志編纂委員會整理：《南安縣志》（1989 年）。

47　〔清〕郝玉麟修：《福建通志》，《欽定四庫全書》。

48　〔清〕黃任修：《泉州府志》，乾隆版。

49　帝王頒賜稱號。廣澤尊王最初於南宋時，被頒賜諡號「忠應孚惠」。

50　〔清〕楊浚：《四神志略・鳳山寺志略》，清光緒丁亥嘉平版。

51　〔清〕戴鳳儀纂：《郭山廟志》，清光緒朝丁酉秋刊本（板藏詩山書院）。

記載廣澤尊王及其廟宇的志書，對於廣澤尊王的籍屬地和描述詳略雖有差異，但兩者都保存了珍貴的歷史資料，對於研究廣澤尊王有重要作用。

1.2.4　小結：廣澤尊王文獻資料亟待編整

綜合上述所說，可以得出三個結論：

一，兩岸三地學者的研究角度十分多樣化，並沒有限定在某個特定範疇。此是可喜的現象，然而，也反映出有關廣澤尊王的全面、深入研究的不足。

二，大部分文章的研究基礎都是集中在清代兩本論著 —— 楊浚的《鳳山寺志略》和戴鳳儀的《郭山廟志》之上，所以在進行廣澤尊王研究時，必須詳細閱讀此二書。

三，香港廣澤尊王研究頗為不足。香港作為主要的福建人僑居地，以及廣澤尊王信仰重要傳播地，相較於台灣，其有關研究顯然較少。一直以來，有關廣澤尊王的研究以台灣學者居多，其後逐漸得到內地學者的關注。總而言之，廣澤尊王信仰研究是亟待大眾的參與。

第二章

廣澤尊王研究之
重要文獻

　　廣澤尊王與岳飛、關羽等神祇不同，尊王生前僅為牧童一名，並非王侯將相，所以有關的歷史文書記載並不太多。故此，本章盡可能「竭澤而漁」，收集所有可見之文獻資料，去蕪存菁，抽取其中信而有徵者，梳理排整。

位於福建省南安市的詩山鳳山寺，為廣澤尊王祖廟。

詩山鳳山寺古碑大多不存了，今日添加了一些新的石碑，記錄廣澤尊王事跡。

第一節　歷朝文獻概略

　　民國以前，有關廣澤尊王的史志文獻有二十一項。最早的成於南宋理宗寶慶二年（1226年），最晚的為清光緒二十九年（1903年）。彼等資料均見於《八閩通志》、《閩書》、《福建通志》、《宋會要輯稿》、《泉州府志》、《郭山廟志》、《豐州集稿》、[1]《南安縣志》、《四神志略》、《島居三錄》

1　清代陳國仕編輯，此書共計收詩六百六十首、詞三闋、文三百四十篇，南安縣部分府屬縣邑古詩文多數被收進。

及《郭忠福》等史志。其餘的，均為碑文記錄。這碑文之中，只有南宋王
冑〈郭山廟記〉見於史志外，其餘都只見於昔日詩山鳳山寺之內。不過，
這些碑刻今天都不存在。有關這些記錄，可詳見下表。

　　清道光七年（1827 年）呂廷琮〈重修鳳山寺記〉、清道光十年（1830
年）〈鳳山寺橋碑記〉、清光緒十五年（1889 年）楊鴻棟、蔡吉安〈重修
威鎮征信碑〉，和清光緒二十九年（1903 年）楊水木、余君謀、黃存仁、
余政謀〈鳳山寺募修西橋大路捐題芳名碑〉（按：即下表標以藍字者）均
與修繕鳳山寺相關，沒有有關廣澤尊王生平的直接紀述，所以本章並沒有
特別提及。

表一：按年份排列有關廣澤尊王的史志文獻

序號	公元	年號	作者及書名
1	1226 年	南宋寶慶二年	王冑[2]〈郭山廟記〉（宋碑）[3]
2	1485 年	明成化二十一年	黃仲昭《八閩通志》
3	1588 年	明萬曆十六年	陳學伊〈郭山廟記〉[4]
4	1595 年	明萬曆二十三年	葉□〈郭山廟□□路記〉[5]
5	1612 年	明萬曆四十年	何喬遠《閩書》
6	1672 年	清康熙十一年	劉佑《南安縣志》
7	1675 年	清康熙十四年	陳遷鶴〈遊郭山記〉[6]

2　楊浚按：「冑，永春人，宋嘉定癸未進士，官惠州教授。當時書石為曾從龍，字君錫，晉
　　江人，慶元己未一甲第一人，官資政殿大學士，今碑漫漶，無一字存者。」詳見《鳳山寺
　　志略》（清光緒丁亥嘉平版），卷三。

3　此碑未見。碑文見於《鳳山寺志略》、《郭山廟志》、《豐州集稿》卷九、《南安縣志》卷
　　四十六。

4　此碑原存於詩山鳳山寺。碑文亦見於《鳳山寺志略》、《郭山廟志》、《豐州集稿》卷九。

5　□為缺字，此碑原存於詩山鳳山寺。碑文亦見於《郭山廟志》。

6　碑文亦見於《鳳山寺志略》。

（續上表）

序號	公元	年號	作者及書名
8	1676 年	清康熙十五年	陳遷鶴〈重遊郭山記〉[7]
9	1737 年	清乾隆二年	郝玉麟《福建通志》
10	1763 年	清乾隆二十八年	黃任《泉州府志》
11	1796－1820 年	清嘉慶年間	徐松《宋會要輯稿》
12	1827 年	清道光七年	呂廷琮〈重修鳳山寺記〉[8]
13	1829 年	清道光十年	佚名〈鳳山寺橋碑記〉[9]
14	1845 年	清道光二十五年	曾天爵《敕封廣澤尊王譜系紀略》[10]
15	1851－1861	清咸豐年間	黃宗漢〈尊王譜系紀略序〉[11]
16	1871 年	清同治十年	翁學本〈請封碑記〉[12]
17	1887 年	清光緒十三年	楊浚《四神志略》[13]
18	1888 年	清光緒十四年	楊浚《島居三錄》[14]
19	1889 年	清光緒十五年	楊鴻棟、蔡吉安〈重修威鎮征信碑〉[15]
20	1897 年	清光緒二十三年	戴鳳儀《郭山廟志》
21	1903 年	清光緒二十九年	楊水木、余君謀、黃存仁、余政謀〈鳳山寺募修西橋大路捐題芳名碑〉[16]

　　上述二十一項文獻資料中，近半來自《鳳山寺志略》、《郭山廟志》的
輯錄：王胄〈郭山廟記〉、陳學伊〈郭山廟記〉、葉□〈郭山廟□□路記〉、

7　碑文亦見於《鳳山寺志略》。

8　此碑原存於詩山鳳山寺，碑文亦見於《鳳山寺志略》。

9　此碑原存於詩山鳳山寺。

10　此碑原存於詩山鳳山寺。

11　碑文亦見於《鳳山寺志略》

12　此碑原存於詩山鳳山寺，碑文亦見於《鳳山寺志略》。

13　《鳳山寺志略》附於其中。

14　《島居三錄》，刊行於清光緒戊子（1888 年），共十卷：〈潮信〉、〈路程〉一至三、〈記異姓
　　亂宗事〉、〈歲時紀略〉、〈紀誕〉、〈紀生〉、〈淡水洋案前稿〉、〈後漢西南夷列傳〉。書中
　　前九卷記福建、台灣事跡，例如兩地之往來路程、信仰習俗等，而第十卷記述日本等國事。

15　此碑疑存於官橋石室岩。

16　此碑原存於詩山鳳山寺。

陳遷鶴〈遊郭山記〉與〈重遊郭山記〉、黃宗漢〈尊王譜系紀略序〉、翁學本〈請封碑記〉均輯自戴鳳儀《郭山廟志》；劉佑《南安縣志》則見諸戴鳳儀民國四年編纂的《南安縣志》之中。按此觀察，可以推知《鳳山寺志略》與《郭山廟志》乃研究廣澤尊王信仰的重要文獻。

　　《鳳山寺志略》附於《四神志略》，乃清朝楊浚所著；《郭山廟志》則是稍後的戴鳳儀所著，二人同為閩南人，對區域內的神祇研究殊深，而其中尤以廣澤尊王研究為專。下文將扼要介紹二人生平，並述二書之重點。

第二節　重要著作一——楊浚《鳳山寺志略》

2.2.1　楊浚生平簡述

　　楊浚，字雪滄，一字健公，號冠悔道人。福建晉江人，遷侯官，生於清道光十年（1830 年），卒於光緒十六年（1890 年）。據考證，楊浚於咸豐二年（1852 年）中舉，並受知於王蓮叔，後來獲徐宗幹招之以為籌糧。同治四年至五年間（1865–1866 年），楊浚歷任內閣中書、國史方略兩館校對官。翌年，應左宗棠之邀，任其幕賓，隨同掃蕩捻軍。[17] 同治八、九年（1869 年、1869 年），楊浚赴台灣擔任板橋林本源私塾教師，同時為陳培

17　「捻」為准北方言，一捻，即是一群、一組、一部分的意思。群眾稱為「捻」或「捻子」。咸豐五年（1855 年）各路捻子齊集雉河集（安徽渦陽），推張樂行為第一領袖，建立五旗軍制。咸豐七年（1857 年）與太平軍聯合作戰，並接受太平天國領導，蓄長髮，受印信，使用太平天國旗幟，但奉行聽封不聽調，不出境遠征，各旗仍保有自己獨立的組織和領導系統。後人通稱為「捻黨」。參考資料自于海娣：《中國歷史常識全知道》（北京：中國華僑出版社，2011 年），頁 306。

桂聘纂《淡水廳志》。廳志寫成後，因為老家火災，楊浚歸回晉江。光緒
初年以後，楊浚致力講學，歷主漳州丹霞、廈門紫陽、金門浯江各書院。
為有名藏書家，聚書至十餘萬卷，藏書室名「冠悔堂」、「行有信齋」。工
詩，有「福建晚清第一詩人」及寓台第一詩人之稱。著作甚多，有《冠悔
堂詩鈔》、《冠悔堂駢體文鈔》、《冠悔堂賦鈔》、《島居三錄》、《四神志
略》、《湄洲嶼志略》[18] 等。[19]

2.2.2　《鳳山寺志略》概覽

《鳳山寺志略》共有四卷：

卷首，有楊浚所撰之〈鳳山寺志略序〉，講述本書與《譜系紀略》和
《鳳山寺志》之淵源，並略述其刊刻本書之想法。

卷一，有〈山川〉、〈寺廟〉、〈先塋[20]（附祭塋禮節）〉。〈先塋（附祭
塋禮節）〉一章，附有祭神先塋之規範，以及〈祭后土文〉、〈神父母封塋
文〉、〈祭封塋禮節〉等範文。另外，最後還記錄了廣澤尊王成神的傳說。
〈封號〉記廣澤尊王宋、清二朝之敕封尊號。[21]

卷二，有〈傳略〉、〈侍從〉、〈封號〉。〈傳略〉，記錄了廣澤尊王之

18　〔清〕楊浚：《湄洲嶼志略》，四卷，光緒十四年（1888 年）冠悔堂刊本。本書以諸本典
　　籍為本，存錄了大量有關天后林默娘的文字資料，包括：奏疏、藝文、真經、符咒、籤譜
　　等，體例與《鳳山寺志略》相若。再者，本書詳細記錄了天后的生平、事跡及奉祀之宮廟。

19　郭啟傳：《楊浚傳》，載於張子文、郭啟傳、林偉洲：《台灣歷史人物小傳 —— 明清暨日據
　　時期》（台北：國家圖書館，2003 年），頁 620。

20　祖先的墳基。

21　「宋紹興朝，封威鎮忠應孚惠廣澤侯，並敕建威鎮廟。宋慶元朝，封威鎮忠應孚惠提伯
　　王，又封威鎮忠應孚惠武烈廣澤尊王。國朝同治九年，加封保安二字。」詳見《鳳山寺志
　　略》（清光緒丁亥嘉平版），卷二。

家世、生平，並載其於五代以後歷朝之傳說。〈侍從〉，記錄了廣澤尊王之四名侍從 ── 黃太尉、陳將軍、崇德尊侯和顯佑尊侯四人簡歷，然確實名字不詳。

卷三，有〈志乘〉、〈藝文上〉、〈藝文下〉。〈志乘〉，即「志書」，本章收錄了《八閩通志》、《閩書》、《福建通志》、《重纂福建通志》、《泉州府志》、《南安縣志》等六本閩志有關廣澤尊王事跡之文。〈藝文上〉主要收錄文章，有王冑〈郭山廟記〉、陳學伊〈詩山郭山廟記〉、陳遷鶴〈遊郭山記〉和〈重遊郭山記〉、呂廷琮〈重修風山寺記〉、黃宗漢〈廣澤尊王譜系紀略序〉、翁學本〈奏請加封記〉等七篇。〈藝文下〉收錄了何喬遠〈秋日遊郭山〉、戴廷詔〈遊鳳山寺〉、陳學伊〈題郭山神廟〉，以及單可垂、王光鍔、馬百慶、萬福來、李廷鈺、郭柏蔭、李書耀、張際青、柯琮琪、許藻華、莊為瑤、許祖涝、李時中、黃梧陽等十四位明清地方賢達、官員的〈遊郭山廟〉詩各一。另，亦收錄作者自己、王晴光及林雲鵬三位閩省名士的〈寄題鳳山寺〉各一。此章除詩文外，還有各種文藝創作，有「像贊」、[22]「古體」、「近體」、「匾額」、「楹聯」等；其中，有些更是來自台灣彼岸（「台灣王恩培」）和其他寺廟（「住持僧竹苞」）。

卷四，有〈感應〉、〈叢談〉、〈附刻（真經和籤譜）〉。〈感應〉集中輯錄自宋建炎四年至清光緒十三年，廣澤尊王的顯聖事跡，共二十二起。〈叢談〉記錄了一些有關廣澤尊王的瑣碎言論。而〈附刻〉收錄了《敕封保安廣澤尊王真經》、[23]《太上元陽上帝無始天尊說保安廣澤王靈濟普德郭星

22　畫像上的題贊。

23　內有：〈淨心神咒〉、〈淨口神咒〉、〈淨身神咒〉、〈安土地咒〉、〈淨天地咒〉、〈祝香神咒〉、〈攝魔神咒〉、〈金光神咒〉、〈啟請〉、〈開經神咒〉等十種咒語。

君攝魔醒世妙經》、[24]〈廣澤尊王勸孝文〉、〈廣澤尊王寶訓〉等兩本書與兩篇文章。最後這兩篇文章，據是書所記，乃廣澤尊王於清光緒丁丑年、己卯年降鸞[25]寫成，前者主要是勸喻世人謹守五倫，積福行善；後者主要是廣澤尊王對昔時世道人心日見墮落之慨嘆，並喻今世人必須改過行善，方能得到神佑。另外，〈附刻〉還收錄了《勅封保安廣澤尊王籤譜》，內有籤文一百條。

2.2.3　其他相關作品：《島居三錄》

另外，楊浚亦著有《島居三錄》，其中有三處記述廣澤尊王事跡。它們的內容與《鳳山寺志略》相若，僅輯錄於下：

（1）〈廈門至安溪威鎮廟〉：「由廈門搭船安海水程一百五十里……（從泉州府城）八十里詩山，俗呼山頭城，龍山宮在焉（楊按：又呼郭聖王祖厝，屋極小）。五里鳳山寺廟（楊按：即神蛻化處）。以上南安界。四十里大榮鄉神父母墓（楊按：旁有楊長者墓）。五里威鎮廟（楊按：祀郭聖王及太子像）以上安溪界。」

（2）〈附錄郭聖王傳略〉：「神姓神，名忠福，先世清溪人，即今安溪，後遷南安十三都之龍山。神幼即神異，意氣豪偉，年十歲，或云十三或云十六。忽取甕酒，牽牛登山，明日坐絕古藤上，垂足而逝，酒盡於器，牛存其骨，已見夢於鄉人，因為立廟，號將軍廟，偽閩通文中也。宋建炎四

24　內有：〈寶誥・志心皈命禮〉、〈雷祖寶誥・志心皈命禮〉、〈玉皇寶誥・志心皈命禮〉、〈完經讚〉等四禮。

25　道教當中所謂的「扶鸞」或「降鸞」是一種傳遞訊息的方式，唯有在天庭授命的翰林學士，才能擔任降傳天上高尊旨意的任務。參考自〈扶鸞〉，《全國宗教資訊網》，https://religion.moi.gov.tw/Knowledge/Content?ci=2&cid=161。

年，寇湯就逼近境，民欲遁走，卜神不許，一日大雨溪漲，寇不能渡，有
白衣乘白馬者，誘之淺涉，攻具漂流，黠者多溺死，蓋神為也。後累加威
鎮忠應孚惠廣澤八字，王胄為記。同治九年，奏加封保安二字。（楊按：
採閩書，詳見《鳳山寺志略》）[26]

（3）「閩四神年代，郭聖王為先，生於偽閩通文中，屬五代晉天福
時……光緒甲申，法夷滋擾臺北，孫庚堂軍門，守滬尾，血戰疊勝，為海
上第一功。自晨至暮，敵人開花礮子如雨，無一中傷者。居民咸見郭聖王
與清水祖師，陰兵助順，漫天煙霧中，隱隱有神旗森列。」[27]

第三節　重要著作二——戴鳳儀《郭山廟志》

2.3.1　戴鳳儀生平簡述

戴鳳儀，諱希朱，號敬齋，福建南安詩山大庭人（今屬碼頭鎮），生
於清道光三十年（1850 年），卒於民國七年（1918 年）。光緒元年（1875
年），戴鳳儀時年二十五，補弟子員。光緒八年（1882 年），到省會福州
入鰲峰書院學習，並於是年在鰲峰書院應鄉試，登鄭孝胥榜。次年春，
赴公車，會試禮部，惜落第而歸。其後又先後三赴春宮，均薦而不售，
未免對制藝心灰意冷。其曾賦詩自嘲曰：「三薦虛名深惱我，四門嗣響屬

26　〈路程〉，《島居三錄》，卷三，詳見《台灣文獻匯刊》第五輯，第十六冊（廈門：廈門大
　　學出版社，2003 年），頁 309－311。

27　〈世系圖〉，《島居三錄》，卷三，詳見《台灣文獻匯刊》第五輯，第十六冊（廈門：廈門
　　大學出版社，2003 年），頁 322。

何人。」從此，戴鳳儀絕意考場，潛心學問，專於著述。並且，戴致力於家鄉文化教育工作，創辦詩山書院，冀「以韓、柳、歐、蘇之文，載周、邵、程、朱之理，撰理學源流，考朱程異同，論朱子配議、朱子全書各書」，發揚儒家理學。

光緒二十年（1894 年），戴鳳儀獲選入內閣；光緒二十四年（1894 年）入直中書兼派頤和園領事，獲誥授奉政大夫。辛亥革命後，戴鳳儀取名「希朱」，寄意於南宋理學大儒朱熹。他恪守古風，拒仕二朝。傳說 1913 年冬，其門生極力鼓吹他出仕國民政府，然戴鳳儀拒食周粟，並取名「希朱」，以宋賢朱熹自勉。戴鳳儀勤於筆耕，著作等身，對學術研究貢獻良多，計有理學專著，如：《四書闡義》、《理學源流考》、《朱子配義》、《朱陸異同論》等；也有家鄉地方史志，如《郭山廟志》、《詩山書院志》和《南安縣志》[28] 等。

2.3.2 《郭山廟志》概覽

時任泉州府事鄭秉成為此書撰寫序言，道出寫作緣起：「（廣澤尊王）歷宋至今，屢著靈異，余讀《通志》、《郡志》，俱見之而恨未詳其顛末也。」除了信仰因素外，鄭秉成還指出，編寫《郭山廟志》實在「有裨於風俗人心實際，而使讀是編者勃然興，懍然戒，而後可歷久而不磨，矧此志之為郭尊王表彰者」，因為廣澤尊王信仰的要旨是發明忠、考之道，所謂「其大旨，類以孝為主」也。關於這一點，戴鳳儀在本書的自序上也特別提及：「吾邑郭山有神曰廣澤尊王，葬塋祭塋，則致其孝也；救火護國，則致其忠也；蕩寇綏民，則致其仁也；不忘故主思而使祔祀於塋，則致其

28　民國初年，戴鳳儀受南安縣知事馬振理聘請修纂《南安縣志》五十卷，為今存南安舊日史志中，最為翔實的一部。

義也。」序中，戴鳳儀強調廣澤尊王的「孝」、「志」、「仁」、「義」，顯然欲以神道教化俗民，通過宗教傳遞正向價值觀念。故此，《郭山廟志》一書，非單純是一本地方廟志，亦是一部傳揚正念思維之書。

在詳細介紹這本書之前，必須要知道一點，就是：戴鳳儀刻意把這本書命名為《郭山廟志》而不沿用前人楊浚《鳳山寺志略》的「鳳山寺」稱呼，其中實大有原因。據戴鳳儀在書中的解說：「《通志》、《郡邑志》載『郭山有威鎮廟』，並無『鳳山寺』之名」，一語道出歷來地方史志對這座寺廟的稱謂與世俗所說大異其趣。原來，「鳳山寺」之名的由來是：僧人在威鎮廟（即郭山廟）之「西夾室」，別奉諸佛，故此世人通稱之為「寺」，即今日「鳳山寺」。但是，戴鳳儀並不認同此說，一來，「鳳山寺」源於釋家；二來，戴認為「威鎮廟」是由皇家官府賜額而名，該是正統的稱呼。故此，戴鳳儀特意把這本書定名為《郭山廟志》。

至於體例，《郭山廟志》與歷來廟志相若，分為七門：「首圖像，次本傳，三封爵，四廟宇，五封塋，六藝文，七雜志」，它們「條分縷析，一切荒誕不經之說悉屏弗錄，洵信史也」。下為各卷概略：

卷一，〈圖像〉。內載有郭山威鎮廟、龍山宮、清溪威鎮廟及封塋的形勢圖，並附以文字解說其山勢地貌。另，有尊王、尊妃的畫像，並頌贊詩歌。楊浚《鳳山寺志略》卷一，有〈山川〉、〈寺廟〉、〈先塋〉三門，戴鳳儀認為「未免零碎」，故此悉數併入〈圖像〉一門。至於卷末有頌贊詩歌，戴鳳儀認為要「使閱是志者瞻之誦之，如見尊王、尊妃之在上、在旁，而肅然起敬焉」，果效猶如今人誦讀經文、金句。

卷二，〈本傳〉，附有尊妃的傳略。戴鳳儀寫本書之時，已有比肩史家立傳之意。他指出廣澤尊王之行為與家國相關，例宜立傳；可惜他的事跡歷九百餘年之久，「傳者不無或訛」，所以他寫尊王本傳時，「博采志書，細訪故老，而衷諸正理，不稍參以訛誕之詞，所以存實錄也」，強調其所

本所據，必有所來源，或源於古本志書，或來自鄉里故老的憶記，絕不摻
入一些怪誕無稽之詞。關於這一點，在其不敢溢稱「聖王」、「聖妃」為
聖，改為稱之為「尊王」、「尊妃」一事即可見。因為歷來帝王敕封二尊皆
未有「聖」字，故戴鳳儀不尊之以「聖」，可見其所考所據之審慎認真。

　　卷三，〈封爵〉，包括歷代封爵記錄及〈請加封號冊〉。廣澤尊王的爵
號從宋至清，一直不斷疊加，部分封號或已因所記不詳而湮沒於世，所以
戴鳳儀特仿照史志體例，特立「封爵」一門。有一點可以注意，是書所錄
之「封爵」並非完全齊全，在是書之〈凡例〉中，戴鳳儀亦自言同治年間
的加封字樣，雖然他「殫心搜訪」，但仍然未得周全。清人的記述尚且不
全，何況今人。由此更可見此書的珍貴，若無戴鳳儀之記，今日或許所知
更少。

　　卷四，〈廟宇〉，記錄郭山威鎮廟、龍山宮及清溪威鎮廟歷代興修的考
證。寺廟的賜額、先塋的祀典，亦是因為廣澤尊王所獲之褒封而來，所以
戴鳳儀把「廟宇」一門置於「封爵」之後。戴氏在書中備註寺廟的「高低」、
「縱橫尺丈」，[29] 俾便後世興修時有所依據。而有別於郡邑志，是書特別加入
「龍山宮暨清溪威鎮廟」，除了補闕拾遺外，更因為該宮廟是廣澤尊王「孕
祥之地」，同時亦是「封塋」之地，所以不能不收入，否則這無以見尊王

29　〈廟宇‧郭山威鎮廟〉，《郭山廟志》，卷四：「其廟縱十六丈，橫十丈四尺。為殿二，後殿
　　高一丈八尺。夾室各一，東夾室祀尊王、尊妃像，從其坐藤舊迹也。室後為內寢，所以妥
　　其靈也。前殿高一丈八尺五寸，中祀尊王，旁祀崇德侯、顯佑侯、黃太尉、陳將軍，以其
　　有功於王也。殿疏以庭，繚以垣，垣屋翼於左右，其間三十有奇，為僧聚衲處。廟門高
　　一丈四尺，門內巨石巉峭，卓立如生，昔人比之鳳髻，故俗名其廟為『鳳山寺』。門外列
　　磚為庭，曲磴層階穿樹而出，綜其極一百有奇。廟後一古樟，幹老枝疏，相傳為尊王所手
　　植。廟左一古藤，狀如虯蛇蟠屈，聞廟未建時，山多藤蘿，此株想為五季遺物。其餘林木
　　蓊蔚，環列四圍，皆前朝留蔭也。戈麓有二橋，國朝邑令李延基造，蓋當東西之衝，而為
　　入廟者所必經焉。」

及其信仰之源流。

卷五，〈封塋〉，有郭太王、太妃的封塋，塋祭圖及各種祭器、祭物、祭文與儀注。如卷四所言，先塋祭禮、儀注俱因廣澤尊王之敕封而來，所以戴氏置之於「封爵」一門之後。同時，戴鳳儀認為尊王「一生大節，惟孝為首」，而「孝」以「葬塋」、「祭塋」為大，所以「封塋」自必然是一項大事。審視前代諸書，戴氏認為它們所載之「塋地」、「塋式」、「塋向」及「一切祭品、祭儀」都是十分詳備；考其原因，大抵是希望後世之「承修、承祭者」能有一些確實的法度可以依循，故此他也一一收錄於本書之中。另外，卷五還有兩點可以留意：（1）有關尊王父母之「太王」、「太妃」的稱呼。因為「敕書久毀，封號無徵」，即無真憑實據可見，所以理應不能在祭文之中，使用「太王」、「太妃」之稱。然而，在這一卷之中，戴鳳儀特意仍用舊稱。他指出前代已有人提出祭文乃尊王當時所書，而當代「太王」、「太妃」並未受封，故理論上，按子祀親父之義，凡提及父母名諱，必稱「顯考」、「顯妣」。然而，數百年以來，福建先賢大德都已經慣用了「太王」、「太妃」的寫法，所以戴鳳儀也作出了一些協調，即「揆諸封贈之例，亦復舊符」，沿用這個稱謂。（2）有關楊長者祔祀封塋。楊長者是尊王仍為牧童時的主僱，為了展示尊王「不忘主恩之義」，昭示後世「忠孝可師」、「大義兼盡」，故特別在卷五加入楊長者祔祀封塋。

卷六，〈藝文（上）〉，收錄了宋以來與郭山或廣澤尊王相關的廟記、碑記、遊記、序、告文、啟。考「藝文」一體，發祥於班固之《漢書》，然而它只載有書目，無書文內容。後世的《郡邑志》都仍用此體，「兼採遺文，旁及題詠」，故本書亦兼取此體，但凡「有關於山川勝概、廟塋興修及尊王靈跡使人可誦可傳者」，都一一收錄，以方便後世君子徵文之徵。要注意的是本書特意把「郭廟碑記」同遊記、序、啟等文章置於「藝文」之中，是因為戴鳳儀「懼其雜也」，不肯定其真偽，故統統以游藝文章視之。

　　卷七，〈藝文（下）〉，收錄了各種詩章、匾額與聯句。詩章、匾額與聯句，歷代以來，不可勝數，為免過於長篇累牘，戴鳳儀只擇其精英者纂之。至於一些對神祇不敬之詩文（如把「太王」、「太妃」稱為「二氏」），雖然其中或有可取之語，但為免貽笑大方，戴氏一概不錄。

　　卷八，〈雜志〉，收錄尊澤尊王新舊紀聞、分廟的紀聞、護衛黃太尉、陳將軍的考證，以及籤詩。戴鳳儀認為自東漢班固修《漢書》以來，直至唐代劉知幾作《史通》，都在正史以外，兼錄雜說，故此他沿用此體例，特在本書加入「雜志」。他訂明了五項原則：（1）有關尊王的舊事，如果是沒有確鑿證據，而且與常理有悖，他悉數不取，以免貽誤後人。（2）有關尊王的近事，他雖然沒有一一註明所述何人，但保證「實確有來歷」，並非臆造。（3）有關尊王的祠廟，他自知不能盡錄，故只能據所知記載。（4）有關尊王駕前部將，即崇德侯、顯佑侯，以及黃太尉、陳將軍四將，他認為前二者是賫敕使，後二者是左右衛。戴氏之所以強調此說，乃由時人傳說顯佑尊侯就是陳欽差，而崇德尊侯即是黃太尉。此說今天仍在海峽兩岸流傳，戴鳳儀之考證正好回應了這個說法。另，必須說明，戴氏也明白地指出「其（四將）事跡、爵號無所考稽」，所以他也只是「存疑」。（5）有關籤詩，[30] 他指出「不知何代何人所作」，但由於歷史皆以此為憑，而且悉數應驗，故此他認為「籤詩固世俗所徵信之詞也，宜錄於後，以便占驗」。

　　在諸卷之末，戴鳳儀特收錄了〈惠澤尊王傳〉。惠澤尊王，本名葉森，南宋泉州南安高田人，謚廣德侯，後加封為惠澤尊王，乃福建省南安一帶的神祇，與廣澤尊王並為閩南重要信仰。至於其中緣由，戴氏在書中也自道了：「強梧作噩之冬，刊志既竣，友人捧〈惠澤尊王傳〉求附卷末，儀受而讀之，乃祖叔贊燉公撰也。鄙意初懼其雜，既而思之：葉尊王與郭尊

30　神廟裏筒中放竹籤，上面書寫號數，另外用紙條寫詩語及號數，卜者抽籤，依號碼尋查詩語以決算吉凶，這種詩稱為「籤詩」。

王同孕祥於詩村，同著靈於閩嶠，此足我南山川奇秀，匪惟文物淵藪，亦正神□□[31]也。雖有功受封，傳中未詳厥事，然鄉先輩謂王□□□[32]王救宋宮火，宋天子曾遣官封之，則傳所謂報國同時、榮封同爵者，良非無據。今而連類志之，亦得史家『類者附之』之例也。爰殿諸志末，以表王靈云。鳳儀謹識。」

　　總的來說，綜觀《郭山廟志》，可以體察出戴鳳儀著述之認真與嚴謹。例如〈凡例〉論卷四之時，戴氏有感而發地說：「且事既相屬，合而志之，亦史家連類並書之例也」，顯然，他在寫作時，心中已有緊依史家體例之打算，故此取捨史料時，要求嚴格，立志不讓是書淪為一般民間信仰傳奇之流。在歷來記載不詳，史料紛紜之情況下，《郭山廟志》無疑像一曲清泉，是廣澤尊王研究重要之書。

31　原文缺此二字，今以「□」標識。
32　原文缺此三字。筆者按上文下理推敲，疑為「惠澤尊」三字，即傳主「惠澤尊王」之敕封爵位。

第三章

廣澤尊王生平事跡考述

廣澤尊王信仰產生的時間，距今已有近千年，而且有關史志文獻數量不多，除《鳳山寺志略》與《郭山廟志》外，大多記錄不齊。因此，有關尊王的生平事跡，歷來就有不同的說法。例如尊王的姓名、生卒年、受封情況，就已經莫衷一是。有鑑於此，本章旨在整理、校訂尊王的諸本文獻，盡可能把廣澤尊王的生平事跡梳理出來。

　　戴鳳儀的《郭山廟志》是民國以前考證最翔實、記錄最全的一部作品，也是後來各部廣澤尊王信仰研究的基本素材，故此，本章將以此為主要參考對象，輔以其他文獻資料考訂寫成。

　　而在諸種材料之中，又以南宋寶慶二年（1226 年）九月朔癸末「解元進士惠州教授」王胄撰文、「解元狀元資政殿大學士」曾從龍手書之〈郭山廟記〉最早。碑文的主旨是記述郭山廟之建設，歌頌廣澤尊王（當時稱尊王為「侯」）之靈驗，所以有關尊王的生平事跡所載不多。但是，由於它是最早可見之文獻，故必須仔細分析，以佐考證。（碑文全文已附於本章之附錄中）

　　王胄〈郭山廟記〉有關尊王生平事跡的記錄，主要有六個重點：

　　一、姓名：「其姓郭，幼名忠福。」

　　二、南宋寶慶二年九月之敕封情況：「其爵侯，其廟威鎮，其諡忠應孚惠。」

　　三、信仰的開始與發展：「呈靈於五季，顯跡於國初，廟額賜於紹興（按：1131－1162 年）之間，爵號增於慶元（按：1195－1200 年）之始。」

　　四、郭山廟的擴充情況：「乾道（按：1165－1173 年）間，邑尉陳君大方等從而廣之，恢其隘，侈其陋。」

　　五、郭山廟的建築設計：「鼎新廟宇，翼以兩廊，後立寢殿可以燕息，前闢門庭可以趨蹌。由階而升，八十有二層，巍其高也，煥其麗也。」

　　六、郭山廟周圍風景：「其廟背負文章，面挹高蓋；龜山、育漿聳於

左，魁纏、天柱聳於右。」

　　王冑在〈郭山廟記〉之末，記錄了自己的寫作緣由：「一夕假寐於館，有神相訪，出一篇示予，予受而觀之，乃侯之履歷也。晨興，有人來自郭山，以奉侯之意，命予為記，乃以夢中語援筆而書之。」這似乎玄之又玄，但其實是有所依據；王冑在碑文指：「（乾道擴建郭山廟時）凡士之輸財助力者，備記其姓名；侯之呈靈顯跡者，詳述其始終。自是鄉邑之祈於侯者，皆有稽有焉」，故此，王冑碑文可能是參考了乾道年間的文獻記錄。

　　姚鼐《古文辭類纂》曰：「碑誌類者，其體本於詩。歌頌功德，其用施於金石」，王冑〈郭山廟記〉乃「碑誌類者」，故通篇也以記事、歌頌功德為主，資料未免不足，也有點空泛。

　　另外，還有一點要注意，明嘉靖年間以後諸本文獻的作者，都沒有完整地看過王冑〈郭山廟記〉之原碑與原文。「明進士江西僉事」陳學伊〈郭山廟記〉指：「嘉靖辛、壬之季（按：1561 年、1562 年），島倭不靖，鴟張於詩山；永春呂¹寇復起，詩山人復應之。鄉大姓築堡廟之北，與里人三四百輩避其中……賊意為神也，詰朝縱火焚廟宇殆盡……廟中二記俱毀，而黃家所藏諸敕亦為賊裂棄無餘。」其後十六年，即萬曆六年（1578年），陳學伊重遊舊地，「檢二記於廟門外，已忘其一」，〈郭山廟記〉碑石終於重見天日。然而，經歷了兵燹之害、風雨之侵，碑上大字多已模糊不清。到了康熙年間，碑文在時人的協助，又重現人間：「山門中屹然立者為石碑，碑字多磨鑿不可覺。宗生手摩而讀之，當琢處為近人手筆，其完處燦然成章，則宋樞曾從龍先生記也」，此可見於陳遷鶴《遊郭山記》。

　　今日所見之王冑〈郭山廟記〉僅見於清《郭山廟志》、《豐州集稿・卷

1　戴鳳儀纂；戴紹箕參校；黃炳火、黃子文、黃江海、梁海濱、黃禎祝點校：《郭山廟志》（北京：中國文聯出版社，1999 年），原缺此字，並標以囗。今據詩山鳳山寺複印之光緒丁酉秋刊本《郭山廟志》卷之六頁四校勘，補回「呂」字。

九》、《南安縣志‧卷四十六》，都是清人的作品。簡而言之，嘉靖以後轉載之〈郭山廟記〉很可能已跟原來的不同，不過，它始終是現存最早之記載，所以也具有參考價值。

有關廣澤尊王的重要文獻

	〈郭山廟記〉	《鳳山寺志略》	《郭山廟志》
作者	王冑	楊浚	戴鳳儀
成書時期	南宋寶慶二年（1226 年）	清光緒十五年（1889 年）	清光緒二十三年（1897 年）
重點	明嘉靖年間，曾遭倭寇毀壞。部分已毀碑文於清康熙年間重刻。故此，碑文未必全為宋代原本。	原屬於《四神志略》之一，共有四卷。	最晚出之廟志，體例也最完備，共有八卷。諸卷之末，附有〈惠澤尊王傳〉。

第一節　尊王生平事跡

關於廣澤尊王的事跡，至今仍莫衷一是，而清人戴鳳儀所著之《郭山廟志》應是迄今考證最翔實、記錄最齊全的一部。因此，為便於了解，本文悉把清戴鳳儀之《郭山廟志‧保安廣澤尊王傳》翻譯如下（原文已附於本章之附錄中）：

廣澤尊王，福建南安人。「郭」是他的姓氏，「忠福」則是他的名字。唐朝汾陽王郭子儀是他的遠祖。郭氏由山西汾陽王，數傳至嵩公，始遷閩。再傳華公，其中一脈遷至泉州。自此，世代居住在泉州的南邑「十二

都郭山」（今之詩山）之下，而「郭山」也因郭氏世居於此而得名。

　　尊王祖輩積德行善，又不到處宣揚，故福澤後人。有一日，尊王的母親發了一個奇異的夢，接着就懷孕了，並於後唐同光（923－926 年）初年，二月二十二日，誕下了尊王。

　　尊王自生下來，就具有孝親之德，氣度也異於常人。他曾在清溪楊長者家中當牧童。尊王十分孝順父母，不辭勞苦，昏定晨省（按：晚上，侍奉父母就寢；早上，即向父母問安。這裏指尊王緊守侍奉父母日常之禮儀），每日如是，從不間斷。

　　後來，尊王父親過世，因為找不到殯葬之地，尊王憂心忡忡，雖然仍是依舊履行職責，替楊長者放牧，但卻忍不住傷心，淚流披面。一日，有一位堪輿學家路過，看到尊王之孝義，於是指着楊長者的一座山說：「在這裏下葬，萬事大吉。」尊王聽後，點頭拜謝他的指引，並馬上請求楊長者答應。

　　楊長者答應了，尊王待下葬儀式完成，就返回郭山下侍奉母親頤養天年。

　　後晉天福年間（936－944 年），尊王十六歲的時候，忽然牽牛登山。第二日，就在一棵古藤之上坐化了。尊王母親趕至，把他的左足拉了下來，所以今日尊王的塑像都是左足下垂。

　　尊王母親逝世，鄉親因為尊王的孝義高行，所以把她葬到清溪，依循周公之禮，讓尊王父母親合葬一起。不久，尊王即顯靈回應。鄉親感其靈驗，即建築寺廟祭祀，因廟建於郭山，所以名為「郭山廟」，另又號「將軍廟」。這些都是偽閩時期（933－945 年）的事。

　　南宋高宗建炎四年（1130 年），湯[2]寇逼近縣境，民眾打算逃亡，於

2　戴鳳儀纂；戴紹箕參校；黃炳火、黃子文、黃江海、梁海濱、黃禎祝點校：《郭山廟志》（北京：中國文聯出版社，1999 年），原缺此字，並標以□。今據詩山鳳山寺複印之光緒丁酉秋刊本《郭山廟志》卷之二頁二校勘，補回「湯」字。

是問卜於尊王，尊王示意不許。有一日，大雨滂沱，溪水漲溢，賊寇因此不能渡過河溪。就在這個時候，尊王顯聖，身穿白衣、騎着白馬，誘惑賊人從水淺之處涉河而過。那些狡滑的賊寇因而溺死不少，而縣城也得以保全下來。

南宋高宗紹興年間（1131－1162年），鄉人吳德把尊王香火供奉到京師。那時，皇宮失火，尊王顯聖，揮動着白旗，而白旗所到之處，火焰馬上熄滅。故此，皇帝特御賜侯爵（按：「威鎮廣澤侯」）、廟額（按：「威鎮廟」）予尊王。南宋寧宗慶元（1195－1201年）、理宗開慶（1259年）年間，皇帝繼續加封尊王王爵。自此，尊王之聲靈轟烈，廣傳於天下。

明世宗嘉靖（1522－1566年）末年，倭寇侵犯詩山，鄉親於郭山廟之北建築堡壘。賊寇認為被擋在這裏是神明的協助，所以縱火焚燒寺廟，於廟中碑文、敕封詔書皆被焚毀。正當火勢旺盛之時，忽然，天上下起大雨，把火撲滅，而且賊寇用來攻擊堡壘的火藥也被盡數焚毀。賊寇因此懼怕逃去，四境也得到安寧。陳學伊（明進士江西僉事，撰有〈郭山廟記〉）說：「不是尊王之神力，不可能做到這件事！」[3]

本朝（按：清朝），尊王經常顯聖，傳播千里，有關他保國安民的事跡，很難一一細述。何況如剿滅會（按：疑為「曾」字，詳見註文）[4] 匪、

3　陳學伊〈郭山廟記〉原文為：「《志》中又載，宋時賊將入境，神引之他往，里得無患，乃不能遏嘉靖辛、壬之賊，使之猖狂得所欲而去；又不能預阻里人之邪心，使之葉謀口賊以重污里名，則何以稱哉！豈污隆盛衰，天實為之，神固不能為耶？要以降一夕之雨，焚囊中之火藥，出三四百人之命，亦不可不歸之於神。口賊倡亂，里人誤附，竟不終朝而撲滅，又安知其非神所為耶？」

4　戴鳳儀纂；戴紹箕參校；黃炳火、黃子文、黃江海、梁海濱、黃禎祝點校：《郭山廟志》（北京：中國文聯出版社，1999年），原缺此字，並標以口。今據詩山鳳山寺複印之光緒丁酉秋刊本《郭山廟志》卷之二頁二校勘，補回「會」字。然本人疑為「曾」字，因為「曾」、「會」二字形近，只差一劃，故刻工容易混淆。再者，「曾」姓者多，「會」姓者殊少，故疑心此字為「曾」。

遏止林[5]逆、殲滅謝[6]匪、降下甘露（按：大旱之後，降下雨水）、祛除瘟疫等顯聖的事，多不勝數。故此，今時今日，每當仲秋之際，都有不少信眾，不遠數千里而來拜祭尊王！

妙應仙妃生平事跡

今據戴鳳儀《郭山廟志‧保安廣澤尊王傳》所附之〈尊妃傳〉翻譯如下（原文已附於本章之附錄中）：

尊妃姓黃，號懿德，誕生於後唐時期（923－937 年）正月二十三日。有一個說法：尊妃自小許嫁於尊王；後來尊王逝去，尊妃有一日進入寺廟後就去世了，於是鄉親就根據她的模樣塑像，與尊王一同祭祀。另有一個說法：尊妃於南宋紹興年間，曾被敕封「妙應仙妃」。因為年代久遠，敕書也毀滅了，所以難以深入考證。但是自從尊妃與尊王一同奉祀後，所有尊王顯聖救世之功績，尊妃也有從旁協助。

5　戴鳳儀纂；戴紹箕參校；黃炳火、黃子文、黃江海、梁海濱、黃禎祝點校：《郭山廟志》（北京：中國文聯出版社，1999 年），原缺此字，並標以口。今據詩山鳳山寺複印之光緒丁酉秋刊本《郭山廟志》卷之二頁二校勘，補回「林」字。

6　戴鳳儀纂；戴紹箕參校；黃炳火、黃子文、黃江海、梁海濱、黃禎祝點校：《郭山廟志》（北京：中國文聯出版社，1999 年），原缺此字，並標以口。今據詩山鳳山寺複印之光緒丁酉秋刊本《郭山廟志》卷之二頁二校勘，補回「謝」字。

另有一種說法，指妙應仙妃是姓陳的。據台南永華宮[7] 所說，妙應仙妃「姓陳名依娘，號懿德，龍溪陳法師之女，生於五代後晉開運甲辰年（944年）正月二十三日」。[8]

第二節　尊王生平事跡的爭議

在內地、港澳、台灣乃至馬來西亞、新加坡等南洋諸國的漳、泉人，大多信奉廣澤尊王，故處處可見奉祀尊王的廟宇。作為漳泉人的鄉土保護神，廣澤尊王的生平事跡在族群之中廣為流傳，然而隨着流傳日廣，有關的傳說也愈演愈多。

神祇傳說，本來就是傳之愈廣，版本愈多，而且大多沒有文字記錄，所以難以判別，更遑論正統與否。自尊王五代成神以後，及至今日，最為受人認同的文字版本，莫如清末戴鳳儀之《郭山廟志》。戴氏在卷二〈本傳〉的序言已不諱言自己追跡前代史家之心。他枚舉了左丘明、伏生、司馬遷與班固，顯然是要以他們為榜樣，後又引唐代史家、《史記索隱》之作者司馬貞之言：「序列其人事跡，令可傳於後世」，表述寫作這個本傳的

7　永華宮奉祀的是「開基廣澤尊王」。明永曆十六年（即清康熙元年，1662年），鄭森（鄭成功）的諮議參軍陳永華，從福建南安鳳山寺恭迎「軟身」廣澤尊王金身隨軍來台，奉祀於台南「山仔尾」，時為南門內之「鳳山寺」內。此尊為台灣最早之「軟身」廣澤尊王金身，據永華宮說，台灣僅有該宮觀供奉着「軟身」廣澤尊王金身。清乾隆十五年（1750年），信眾為感神威顯赫護佑軍民，遂於當地倡議捐資建新廟，並因感念陳永華恭迎尊王來台及對地區貢獻之恩，故命廟名為「永華宮」。詳見永華宮官方網站，http://yonghua.vrbyby.com.tw/scenerys.php。

8　詳見永華宮官方網站，http://yonghua.vrbyby.com.tw/gods.php?infoid=83。

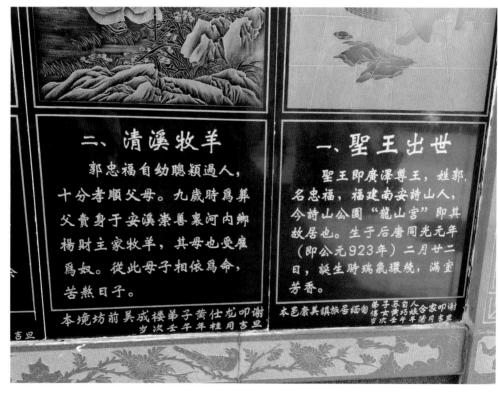

二、清溪牧羊

　　郭忠福自幼聰穎過人，
十分孝順父母。九歲時爲葬
父賣身于安溪崇善裏河內鄉
楊財主家牧羊，其母也受雇
爲奴。從此母子相依爲命，
苦熬日子。

本境坊前吳成樓弟子黃仕龍叩謝
歲次壬午年桂月吉旦

一、聖王出世

　　聖王即廣澤尊王，姓郭，
名忠福，福建南安詩山人，
今詩山公園"龍山宮"即其
故居也。生于后唐同光元年
（即公元923年）二月廿二
日，誕生時瑞氣環繞，滿室
芳香。

本邑康美鎮旅号缅甸弟子蘇自人合家叩謝
信女黃巧娘娘叩謝
歲次壬午年蒲月吉旦

詩山鳳山寺內刻有壁畫，記述廣澤尊王傳說。

動機。面對着「年愈湮，傳愈難」的困難，戴氏決定要把廣澤尊王之本事完整寫出，以期「興起其忠孝、仁愛之心」。

　　因戴氏之用心、因戴氏之認真，也因戴氏之才能，本章決定以《郭山廟志》卷二〈本傳〉為根本，輔以其他文獻，把廣澤尊王的傳說系統地整理出來。

3.2.1　姓名

　　廣澤尊王全號為「威鎮忠應孚惠威武英烈保安廣澤尊王」，俗稱保安尊王、郭聖王、郭府聖王、郭王公、郭姓王、聖王公、王公祖、王公、相公、聖公等。

　　有關廣澤尊王姓名，今日主要有兩種說法，一為「郭忠福」；一為有姓無名。

「郭忠福」之説

　　這個說法的主要論據是南宋王冑〈郭山廟記〉：「其姓郭，幼名忠福」，理論上，這是時間上最早的文獻資料，而且所記甚為確鑿，理應較為可靠；然而，其中有一個疑點，讓我們不能因此視為定案。

　　經歷了兵燹之害、風雨之侵，碑上大字多已模糊不清。清代鄉賢陳遷鶴昔日遊歷郭山之時，曾賦〈遊郭山記〉一篇，其中有一節曰：「宗生同攜握而登，約其級六十有一，既盡階，轉而上為石臺，臺以內為山門，山門中屹然立者為石碑，碑字多磨鑿不可覺。宗生手摩而讀之，當琢處為近人手筆，其完處燦然成章，則宋樞密曾從龍先生記也。」

　　據《晉江縣志》記：「陳遷鶴〔……〕康熙庚申，由漳州學登賢書。

乙丑會試第三，選庶吉士，歷中允、侍講、侍讀，至左庶子掌坊事。年七十歸里，家居數載，惟取京邸所著改訂，矻矻不休。卒年七十六。」[9] 陳遷鶴生卒年不詳，僅從《晉江縣志》中，得悉他是康熙二十四年（1685 年）進士，故這篇遊記的真實寫成日期不可考。據《晉江縣志》記，陳遷鶴「年七十歸里」，即這篇文章應該是他出仕前及致仕榮休後寫成，年份跨度極大，有可能是康熙初年至雍正初年期間寫成。不過無論如何，可以肯定的一點是康熙年間或以前，屹然於山門的南宋王胄〈郭山廟記〉碑文曾經修復，而且按陳遷鶴的判斷，有一些「磨鑿不可覺」的碑字是近人以手觸摸，憑當下觸感而完成它。今日，我們無從知道當日的「磨滅」程度，故也沒法判斷這新「琢處」的可靠性，但這裏卻可以肯定今日所見之碑文很可能與南宋之時不一樣，也無法確定「其姓郭，幼名忠福」是曾從龍所書，還是康熙鄉賢所補。故此，「郭忠福」一說仍有疑點。

　　另外，台灣學者佛光大學宗教學研究所教授卓克華在〈鹿港鳳山寺 —— 牧童化成神，信仰遍台閩〉一文中，指：「康熙初之記錄，神僅有姓，名字不知」；[10] 此說法也不正確。清以前，還有一部今日可見之文獻 —— 陳學伊於明萬曆十六年寫的〈郭山廟記〉清楚記述廣澤尊王的名諱，它指：「郭其姓，山以此故名。〔……〕神之名忠福，居山下。」

　　無論如何，自南宋王胄〈郭山廟記〉以後，除明〈郭山廟記〉外，直

9　全文：「陳遷鶴，字聲士，號介石，祖安溪籍，徙居晉江，洪圖子。康熙庚申，由漳州學登賢書。乙丑會試第三，選庶吉士，歷中允、侍講、侍讀，至左庶子掌坊事。年七十歸里，家居數載，惟取京邸所著改訂，矻矻不休。卒年七十六。著有《論易》十五卷、《尚書私記》一卷、《毛詩國風繹》一卷、《春秋紀疑》一卷。遷鶴行誼敦厚，家庭無間言，尤有德於鄉閭。子萬策，孫亮世，曾孫科捷，並官翰林，歷顯仕。」詳見〔清〕周學曾等纂修：《晉江縣志》，卷三十八，清道光十年。

10　卓克華：〈鹿港鳳山寺 —— 牧童化成神，信仰遍台閩〉，載於《新世紀宗教研究》，卷二，第二期，2003 年 12 月 1 日，頁 231−272。

至清道光二十五年（1845 年）的曾天爵《敕封廣澤尊王譜系紀略》，才有「王姓郭，諱忠福，閩之南安也」的記錄。記載之稀少，也讓人懷疑清人，乃至今人所見之南宋王胄〈郭山廟記〉碑上的「其姓郭，幼名忠福」可能只是後人按傳說，或者臆測重新雕琢而成。還有一點，自《敕封廣澤尊王譜系紀略》後，所有可見之文獻都清楚記述廣澤尊王之名諱為「郭忠福」，彼等文獻包括翁學本〈請封碑記〉、楊浚《鳳山寺志略》和《島居三錄》，以及戴鳳儀《郭山廟志》。此現象也讓值得我們深思。

「有姓無名」之說

前文論述過南宋碑文 —— 王胄〈郭山廟記〉部分內容曾因兵燹之害、風雨之侵，已無從稽考，而今日所見的「補充內容」（即陳遷鶴所說：「宗生手摩而讀之，當琢處為近人手筆」之處），都是清康熙前寫成的，故此，從邏輯上看，不能以王胄〈郭山廟記〉作為唯一證據論證前「郭忠福」之說。

自南宋王胄以後至清曾天爵《敕封廣澤尊王譜系紀略》之間，除了陳學伊〈郭山廟記〉外，全都只提及廣澤尊王的姓，而不提名。謹引文如下：

（1）明《八閩通志》：「其神郭姓。」

（2）明《閩書》：「神姓郭，世居山下。」

（3）清陳遷鶴〈遊郭山記〉：「有郭子。」

前文曾引用過陳學伊的〈郭山廟記〉指：「嘉靖辛、壬之季（1561 年、1562 年）」，「廟中二記俱毀」，也即是說，〈郭山廟記〉前面所說的「郭其姓，山以此故名。〔……〕神之名忠福，居山下」的依據，並不是王胄〈郭山廟記〉的碑文內容。換句話說，陳學伊這篇遊記並不能證明王胄〈郭山廟記〉上「其姓郭，幼名忠福」是原來的碑文內容。

　　不過，有一點必須注意，這並不是說「郭忠福」一說是錯誤。因為陳學伊可能曾有別的依據，例如一些文獻資料、一些傳聞等，然而彼等資料都在其後流失了，所以今日才無法見到，也無從稽核。

　　小結：兼容並收二說

　　總括上述的論點，本文得出三個結論：

　　（1）王冑〈郭山廟記〉上「郭忠福」的記載，可能是後人補鑿，也可能是當日已存在；

　　（2）陳學伊〈郭山廟記〉曾有「郭忠福」的記載，其說來源不明，無從稽考，但也無從否定；

　　（3）從南宋至清末，所有文獻資料，都提及廣澤尊王姓郭，雖然有的沒有記載其名字，卻並無一本否定「郭忠福」之說。

　　承上說，廣澤尊王是後晉天福初人，距今已逾千年，其史跡事故在流傳過程中少不免出現不同的版本。而今天可以肯定的是廣澤尊王應當姓郭，至於名字還有斟酌之處。

3.2.2　生年

　　有關廣澤尊王的生年，在清以前，並沒有特別提及。王冑〈郭山廟記〉僅如此記載：「其姓郭，幼名忠福，其爵侯，其廟威鎮，其諡忠應孚惠。呈靈於五季，顯跡於國初，廟額錫於紹興之間，爵號增於慶元之始，迨今二百年間，國家寵渥有加而無已，井邑香火相傳而不替，是豈無所自而然哉！生而英異，化而神靈。」其後的《八閩通志》、〈郭山廟記〉、《閩書》

等明代文獻，以及康熙年間的陳遷鶴〈遊郭山記〉[11]亦無有關尊王生年的記述。

　　直至清道光二十五年曾天爵的《敕封廣澤尊王譜系紀略》[12]方有相關的記載：「王姓郭，諱忠福，閩之南安也。〔……〕其聖母感異夢而娠。以後唐同光中二月二十二日誕王於清溪梓里。」後來的楊浚《鳳山寺志略》和戴鳳儀《郭山廟志》沿襲此說。

　　（1）楊浚《鳳山寺志略》：「神姓郭，名忠福，閩之南安人〔……〕神母感異夢而娠，後唐同光中二月二十二日，生於清溪故里。」

　　（2）戴鳳儀《郭山廟志》：「王世居泉之南邑十二都郭山下，山以姓得名。祖父多隱德，母感異夢而娠，誕王於後唐同光初（按：923－926年），二月二十二日。」

　　今人也自此採用了尊王生於「二月二十二日」的說法，以當日為「廣澤尊王寶誕」，設壇祭祀。

3.2.3　坐化成神

　　有關廣澤尊王的坐化[13]成神日期，同樣地宋王胄的〈郭山廟記〉僅記日：「呈靈於五季，顯跡於國初，廟額錫於紹興之間，爵號增於慶元之始。」到了楊浚《鳳山寺志略》始，方有清晰的坐化日期：「（尊王）忽攜酒牽牛，登絕頂古藤上蛻化，時為八月二十二日。」但是，其後的戴鳳儀

11　碑文亦見於《鳳山寺志略》。

12　此碑原存於詩山鳳山寺。

13　坐化亦稱「坐脫」、「跏趺而化」。佛教用語。僧尼死亡的美稱。一些僧人臨終時端坐而逝，故名。參考自張岱年主編：《中國哲學大辭典》（上海：上海辭書出版社，2010年），頁300。

《郭山廟志》卻沒有沿用此說，僅記載了大約的年份：「後晉天福間，王年十六，忽牽牛登山，翼日，坐古藤上而逝。」

今日，奉祀廣澤尊王的香港鳳山寺、詩山鳳山寺，亦沿用上述清朝說法，以農曆二月二十二日為「廣澤尊王寶誕」、農曆八月二十二日為「廣澤尊王千秋」。[14]

關於生年與坐化日期的記載，諸本之中，基本上只是「有」與「無」的分別，幾無爭議。但是，有關「坐化年歲」的問題，卻有不同的說法。王胄〈郭山廟記〉並沒有相關記載，到了明代《八閩通志》以後，就有了兩個主流的版本：「十歲坐化」和「十六歲坐化」。

「十歲坐化」

最早提及尊王坐化年歲的文獻是明代的《八閩通志》，它記曰：「甫十歲，一日忽取甕酒全牛登郭山絕頂，明日坐逝古藤上，牛酒俱盡。其後常見夢於人。因為立廟，號郭將軍。」

其後，同為明代的《閩書》也同樣倡議「十歲坐化」之說：「生而神異，意氣豪偉。年十歲時，忽取饗酒，牽牛登山，明日坐絕頂古藤上，垂足而逝，酒盡於器，牛存其骨。已，見夢鄉人，因為立廟，號將軍廟，偽閩通文中也。」

雖說明代二書均記「十歲坐化」之說，但是不得不注意一點：《八閩通志》與《閩書》本身該有「因襲關係」。據《四庫全書總目》之「史部」卷七十四「《閩書》」條所記：「明成化間莆人黃仲昭始為《八閩通志》，王應山復為《閩大記》、《閩都記》、《全閩記略》，皆草創未備。喬遠乃薈

14　詳見香港鳳山寺網頁：http://www.nanchens.com/hss-szhkmo/hss02/hss0201.htm。

福建詩山鳳山寺的匾額。————

福建詩山鳳山寺內的廣澤尊王大殿。————

萃郡邑各志，參考前代載記，以成是書」；[15] 換句話說，《閩書》此說極有可能是因襲自《八閩通志》。

另外，據楊浚《鳳山寺志略》云：「後晉天福初，當在丁酉戊戌閒，神年十歲〔……〕福建通志、南安縣志並作十歲」，不過一如《閩書》之例，《福建通志》極大可能也是因襲《八閩通志》。《四庫全書總目》之「史部」卷六十八「《福建通志》」條記：「雍正七年承詔纂輯通志，因取舊志之煩蕪未當者，刪汰遷文，別增新事。其疆域制度悉以現行者為斷。至乾隆二年書成，玉麟等具表上之。自星野至藝文，為類三十，為卷七十有八。視舊志增多十四卷。如沿海島澳諸圖，舊志所不載者，皆為詳繪補入，足資考鏡，於體例亦頗有當焉。」[16] 這裏指出了是次編撰的主要方向：刪去多餘的內容，新增清代之疆域制度與沿海島澳諸圖，而「十歲坐化」並不在此列，故可能也是沿用舊說。至於《南安縣志》，當為清康熙十一年（1672年）劉佑等修的版本；它也是多採用前人舊說。至於楊浚，他也是傾向支持「十歲坐化」之說。

「十六歲坐化」

楊浚《鳳山寺志略》指當時「三說」並立：「泉州府志云十六歲，安溪縣志作十三歲，福建通志、南安縣志並作十歲，忽攜酒牽牛。」雖然楊浚傾向支持「十歲坐化」之說，但他卻沒有考證「三說」，當然也沒有說明他的理據。

考「十六歲坐化」說之源頭，乃肇始自明代陳學伊〈郭山廟記〉：「神之名忠福，居山下，以十六歲顯化於山之古藤上，里人異之。又以其屢有

15　〔清〕紀昀：《四庫全書總目》（北京：中華書局，1965年），頁645。

16　〔清〕紀昀：《四庫全書總目》（北京：中華書局，1965年），頁606。

靈應，因建廟祀之，蓋偽閩時也。」〈郭山廟記〉是現存文獻之中，第一篇清楚指出尊王之「坐化」年歲為「十六」，然而它卻沒有說明是據何說、依何典，而出說。

其後，清代陳遷鶴承其說，於其〈遊郭山記〉上記曰：「有郭子生十六歲而靈異，於月夜攜全牛甕酒，登此山而化，鄉人祀之」

嗣後，同代的曾天爵《敕封廣澤尊王譜系紀略》也同樣如此演繹：「王年十六歲（見陳志齋先生廟記，《泉州府志》一作十五，《福建通志》、《南安縣志》俱作十六歲），忽取甕酒，牽牛登山，明日坐絕頂古藤上，垂足而逝，酒盡於器，牛存器骨。里人異之，後屢有靈應，偽閩通文中，見夢鄉人為立廟，號將軍廟。」

到了清末戴鳳儀，也承襲此說，其《郭山廟志》曰：「後晉天福間，王年十六，忽牽牛登山，翼日，坐古藤上而逝。」

有一點可以留意，現時詩山人，乃至於閩、台人，不少認為「做十六歲」是與廣澤尊王「十六歲坐化」有關；倒過來說，「十六歲坐化」也因「做十六歲」的傳統而變得更為今日信眾所接受。

所謂「做十六歲」，又有別的稱呼，叫做「做大人」，其源頭可以追溯至明清時期。[17] 這其實就是自古流傳的「成人禮」。閩南人認為成年與未成年的界線在「十六歲」，而「做十六歲」以後，小孩就變成大人，須要開始承擔成人的義務，例如婚娶、參與家庭宗族的工作，甚至領有族產。有一些民間說法指，認為之所以選擇「十六歲」作為分水嶺，其實與廣澤尊王坐化成神有關：「有一天，郭忠福為母尋藥時在一條加蕉藤上坐化，時年十六歲〔……〕鄉人紛紛前往祀求，於是香火非常旺盛。廣澤尊王也

17　作家筆下的海峽二十七城叢書編委會編：《作家筆下的台南》（福州：海峽文藝出版社，2010 年），頁 129。

由此成為兒童保護神。他是十六歲升天成神，所以要做十六歲。」[18]

不過，也有另一種說法，指「做十六歲」與「七娘媽」（織女）有關。[19] 傳說七娘媽是兒童保護神，「從嬰兒出生到十六歲之前，都受到七娘媽的照顧庇佑，她是兒童的保護神。如果子女能順利成長至十六歲，就會到廟中還願。在當年七月七日『七娘媽生』這一天，舉行成年禮，俗稱『做十六歲』。還有說注生娘娘是生育之神，婆姐是其部屬，[20] 也是兒童保護神。七月七日，除為注生娘娘祝壽外，也拜婆姐。尤其在這一天，有十六歲兒女的人家，要準備豐盛的祭品，拜注生娘娘和婆姐，以慶祝成人，然後宴請親朋，俗稱『出婆姐宮』，或稱『做十六歲』，通過這種儀式表示感恩。」[21]

其他説法：「十三歲坐化」和「十五歲坐化」

清曾天爵《敕封廣澤尊王譜系紀略》在記述尊王坐化傳說之時，曾同時收錄了「十歲」與「十六歲」以外的說法：「見陳志齋先生廟記，《泉州府志》一作十五。」稍後的楊浚在《鳳山寺志略》也如此記錄：「泉州府志云十六歲，安溪縣志作十三歲，福建通志、南安縣志並作十歲。」從這兩則文獻資料，可以得出兩個結論：

（1）尊王坐化年歲的版本，還有兩個：「十三歲坐化」和「十五歲

18　林星：《閩台婚育文化大觀・閩南篇》（北京：中國人口出版社，2012 年），頁 98。

19　有說七娘媽是注生娘娘，這應該是現代人把七娘和注生娘娘合併在一起。注生娘娘，俗稱「註生媽」，又作「註生娘娘」，是閩、台一帶最受尊奉的生育女神，主管婦女的懷孕、生產，是許多不孕婦女或懷孕婦女的信仰寄託。注生娘娘的造像，多是左手執簿本，右手持筆，象徵其記錄家家戶戶子嗣之事。

20　注生娘娘之從神為「婆姊」，又或作「婆者」、「婆姐」，亦作「婆祖」，又稱「鳥母」，輔佐注生娘娘保佑婦女護產安胎，或者區分所送子嗣之賢愚。

21　林星：《閩台婚育文化大觀・閩南篇》（北京：中國人口出版社，2012 年），頁 98。

坐化」；

（2）曾天爵說《泉州府志》記「十五歲坐化」，而楊浚說《泉州府志》記「十六歲坐化」。這可能是版本有異，故記錄也有異，或者兩人之中有一人記錯。

關於第二個結論，其實更大機會是其中一人記錯。

天爵可見的《泉州府志》版本一共有七個：

（1）南宋嘉定（1208－1224年）《清源志》，七卷。

（2）南宋淳祐十年（1250年）《清源志》，十二卷。

（3）元至正十一年（1351年）《清源續志》，二十卷，元吳鑒撰。

（4）明嘉靖四年（1525年）《泉州府志》，二十六卷，晉江史於光著。

（5）明隆慶二年（1568年）《泉州府志》，二十二卷，和州萬慶修，晉江黃光升著。

（6）明萬曆四十年（1612年）《泉州府志》，二十四卷，知府陽思謙修，晉江黃鳳翔類編，晉江林學曾等同編。

（7）清乾隆二十八年（1763年）《泉州府志》，七十六卷，首一卷，滿洲懷蔭布修，永福黃任、晉江郭賡武同纂。

理論上，楊浚還可以看到多一個版本，那就是清同治八年（1869年）重印《泉州府志》，七十六卷。然而，此本與清乾隆二十八年本是同一個版本，所以實際上二人能看到的版本，理應一樣。當然，也有可能二人並非都擁有全部版本。而要徹底解決這個問題，就必須把這八個版本，從頭到尾看一次，才能有一個更確認的問題。可是，礙於筆者可見之版本有限，且此項工作所費時間極多，所以只能建基上述的考察，推敲是其中一人記錯或二人同時記錯。

續上所論，「十五歲坐化」之說，除了曾天爵引述過以外，並沒有其他任何文獻記述或引述過，所以此說是否可靠，極成疑問。故此，曾天爵

記錯的可能性是最大。

　　至於「十三歲坐化」之說，只有楊浚轉引《安溪縣志》之說一條資料，別無其他。《安溪縣志》，今存三個版本，分別是：嘉靖王子版本（1522年）、康熙癸丑版本（1673年）和乾隆丁丑版本（1757年）。礙於收藏所限，筆者只能見「嘉靖王子」和「康熙癸丑」兩個版本，而此兩本之中，均無「十三歲坐化」之說，所以不敢肯定此說之來源，當然也不可能推斷此說之真偽。不過，有兩點可以注意：第一、此說只見於楊浚之轉引，並無其他記錄；第二、今日閩人都無此說法。

　　另外，國內學者陳蓉在她的碩士學位論文之中 ──〈廣澤尊王信仰研究〉表達了她的看法：「更傾向於廣澤尊王於『十歲坐化』的觀點。」她的理由是：「在曾天爵、楊浚的敘述中，他們都一致認為廣澤尊王生於『同光年間』，而『同光年間』只有『923、924、925、926』四年。如果按照楊浚的說法，那麼廣澤尊王應該坐化於『933、934、935、936』；若按曾天爵的說法，廣澤尊王坐化於『939、940、941、942』。而曾、楊都認為鄉人為祭祀廣澤尊王而建造的『將軍廟』（即『郭山廟』的前身），乃建於『偽閩通文年間』，即『936、937、938』這三年期間。」陳蓉指在「不為在生者立廟」的原則下，「廣澤尊王『坐化』時間最遲不應晚於938年。在前面我們計算出來的兩組數據中，只有楊浚的說法才符合這個邏輯順序，即，廣澤尊王應生於同光四年，即公元926年，卒於天福元年，即公元936年，就夭折了。」[22]

　　陳蓉所據之論據主要是「曾、楊指『將軍廟』建於『偽閩通文年間』」，然而此論據是否能成立已有商榷之餘地。據明《八閩通志》記載：「威鎮廟在縣北十二都。五代晉天福中，偽閩建」；天福年間，即936年至947年。

22　陳蓉：《廣澤尊王信仰研究》，福建師範大學宗教學碩士論文，2008年。

所謂「天福中」，可以理解為 940 年至 943 年前後；而《八閩通志》成書
較曾、楊二書早，且更是南宋王胄〈郭山廟記〉以後第一項文獻資料，其
可信性不言而喻。還有一點，南宋王胄〈郭山廟記〉並沒有提及郭威鎮廟
何時興建，即是說，《八閩通志》和曾、楊二人應該是根據其他資料而寫，
由於該項「原始資料」今日已無法看見，故孰是孰非，今日已無可稽考。
因此，陳蓉這個推論似乎仍有疑點。

　　還有一種說法，更加模棱兩可，這是「十餘歲坐化」之說。此說見於
清翁學本〈請封碑記〉：「（廣澤尊王）生十餘齡，入山坐化，鄉人立廟祀
之，祈禱輒應」，由於此說本身已是模棱兩可，故本書不花時間論證了。
總的來說，有關尊王的坐化成神年歲，今日主要是二說：十歲坐化與十六
歲坐化，其餘都只是孤證。而今日閩南各地的信眾，大都傾向信奉廣澤尊
王「十六歲坐化」之說。

　　今引戴鳳儀《郭山廟志》卷之八的頁一、二載〈尊王舊事正誤〉，並
重新標點校勘，作為本節小結：

　　王即世之年，據《閩書》、《府志》及《陳僉事廟記》，皆謂十六歲。
《通志》謂十歲者，想是舊簡脫字耳。夫王生於同光，逝於天福，鄉先輩
之流傳尚矣。果十歲而逝，則其年當在應順、清泰間，而非在天福。且十
歲尚屬幼穉，雖孺慕出於天性，未必能委曲哀籲以葬其親。此不待辨而自
明者也。然則紀王年者當以十六歲為斷。

3.2.4　王生於清溪故里？

　　據清代曾天爵在《敕封廣澤尊王譜系紀略》記述曰：「王姓郭，諱
忠福，閩之南安人也。〔……〕其聖母感異夢而娠。以後唐同光中二月

二十二日誕王於清溪梓里」，其後的楊浚的兩本著作《鳳山寺志略》沿用這個說法：「神姓郭，名忠福，閩之南安人〔……〕神母感異夢而娠，後唐同光中二月二十二日，生於清溪故里。」

　　表面看來，曾天爵與楊浚的「王生於清溪故里」之說，似乎也有一定可靠性。然而，這裏有兩點十分值得讓人懷疑：

　　第一，從現存的文獻資料看，曾天爵《敕封廣澤尊王譜系紀略》是第一本有此說法的文獻。考其之前，即王冑〈郭山廟記〉至清道光二十五年之間，沒有一本論及尊王的出生地，它們大多只提及尊王「居山下」。

　　第二，楊浚是否根據曾天爵之說而有此記述呢？這一點今日已無法稽考，但絕對是一個很大的疑點。

　　有關上述第一點，筆者翻查了南宋至清道光年間的十本安溪地方志書，發現它們並沒有清溪或安溪是「王之生地」的記載。這十本史書，包括了：南宋《三山志》；明《八閩通志》、《安溪縣志》（嘉靖）、《閩書》；清《南安縣志》、《安溪縣志》（康熙）、《福建通志》（康熙）、《福建通志》（雍正）、《安溪縣志》（乾隆）、《泉州府志》（乾隆）。故此，曾天爵「王生於清溪故里」之說，應該不是依據史書而說。

　　如果不是從史書而來，曾天爵「王生於清溪故里」之說的依據又在哪裏？

　　估計，這與當時「忽然」興起的「清溪墓塋及謁陵」活動有關。

　　戴鳳儀《郭山廟志》的卷六、卷七，收錄了大量有關尊王的藝文作品，其中有一首七言古詩、三首七言絕詩、一首五言律詩及一首七言排律，曾提及清溪墓塋及謁陵的事跡。如下：

七言古詩

道光丙午舉人　傅青錢　〈題郭山威鎮廟〉

〔……〕有明忽值島倭變，神策神兵助酣戰。

雖復敕書遭棄焚，終當桑梓歌功遍。

今聞清溪展墓時，三吳百粵常追隨。〔……〕

七言絕詩

進士　江西南安府知府　李書耀[23]　〈題郭山廟〉

紫鳳山前廟宇巍，爐丹甕酒是耶非。

明神自古皆忠孝，幾度清溪展墓歸。

嘉慶癸酉舉人　徐光華　〈題郭山廟〉

勝蹟天開彩鳳迴，樓臺金碧像巍巍。

深情一掬思親淚，滴盡清溪掃墓杯。

（戴鳳儀注曰：「王像每逢謁陵日，眼中常有淚痕。」）

道光甲辰副貢　柯琛　〈郭山進香詞〉

年年謁祖到清溪，攜酒牽牛一路躋。

回憶古藤身化處，舊庵隱約夕陽西。

23　據陳篤彬、蘇黎：《泉州古代科舉》（濟南：齊魯書社，2004 年），頁 311 載，李書耀為道
　　光十二年（1829 年）南安進士。

五言律詩

歲貢　陳世清[24]　〈題郭山廟〉（其二）

絡繹清溪路，燈旗結隊新。

侯王膺爵秩，血氣識尊親。

上冢兒孫禮，隨鑾寄譯人。

天狼今熄焰，翊贊溥皇仁。

七言排律

傅霖　〈題郭山廟〉（一百五十韻）

每盼進香兼謁祖，遍裹地角復天涯。〔……〕

淒涼驛路清溪冷，騷抑窮愀長者知。〔……〕

上述詩歌都是以歌頌聖公的角度，描述清溪墓塋及謁陵的活動；通過解讀這些詩歌，可以看到「謁陵」是清溪當地的一個盛大祭典儀式。例如從「今聞清溪展墓時，三吳百粵常追隨」、「年年謁祖到清溪，攜酒牽牛一路躋」等句子，便可以看到當時祭典之盛大。而「謁陵」又伴隨着一些傳說──戴鳳儀的補充：「王像每逢謁陵日，眼中常有淚痕」，估計在這些傳說的渲染，「謁陵」愈發熱鬧。

話說回來，前文指「清溪墓塋及謁陵」活動是當時「忽然」興起的，這是因為只要仔細排列這些詩歌的年份，就可以發現：最早的記載是嘉慶癸酉舉人徐光華的〈題郭山廟〉。嘉慶癸酉年，即嘉慶十八年（1813 年），這不禁令人懷疑：「謁陵」會不會就是清初才興起呢？還有一點，在清乾

24　陳世清生年不詳，惟其詩謹接康熙壬辰議敘國子監生戴華昌〈遊郭山廟〉之後，估計是康熙後、道光前後的貢生。

隆年間以前的《安溪縣志》，只有提及安溪有一所奉祀廣澤尊王的廟宇，但還是沒有提及有關郭太王、郭太妃的記載，更遑論「謁陵」之說。

　　據上述十本南宋至清道光年間的十本安溪地方志書，到了清康熙《安溪縣志》方有「濠內廟在崇善里」[25]的記錄。「濠內廟」，據楊浚、戴鳳儀，均指這是安溪崇善里祭祀廣澤尊王的廟宇。清康熙《安溪縣志》之前的明嘉靖《安溪縣志》只記錄了「崇善里」，沒有提及「濠內廟」；而其後之乾隆《安溪縣志》，則接着有了相關的記載：「濠內廟⋯⋯以上崇善里。」[26]按此推論，安溪的廣澤尊王廟宇是否也是成於清初？果真如此，那麼「謁陵」活動也極可能是隨同或接着清溪廟宇建成而出現。這也解釋了為甚麼到了清嘉慶年間方有「謁陵」的藝文記錄。

　　沿着這個論點去推敲，其真象大有可能是：清初，廣澤尊王信仰在清溪（安溪）一帶逐漸興盛起來，人們亟需要一個祭祀場所，於是建成了「崇善里」的「濠內廟」。廟宇建成後，需要不同的祭祀活動支持廟宇發展，加上相傳太王、太妃之陵墓在清溪，所以「謁陵」活動慢慢在清初形成，到了嘉慶年間，更成為了當地的盛大宗教活動。倒過來說，「謁陵」活動之所以成立，其最主要的依據就是「太王、太妃陵墓於清溪」，所以無論是有意，還是無意，人們必須更加強調、宣傳這個說法。在這個情況下，日積月累，人們不禁開始思考：既然父母都葬於清溪，那麼尊王不應該就是清溪的人嗎？於是「誕王於清溪梓里」之說，就開始出現了。

　　還有，戴鳳儀於《郭山廟志》也提及了，當時有人有意提高清溪寺廟的地位。他指「更有附會不經者，莫如受封一說。諺云：『麾旗宋宮，其靈響出自清溪之廟，其敕書亦錫於清溪之廟』，意蓋欲借是以實『威鎮』名

25　〔清〕邑令謝宸荃主修；洪龍見主纂；福建省安溪縣志工作委員會整理：《安溪縣志（清‧康熙版）》，頁77。

26　〔清〕莊成修：《安溪縣志》（廈門：廈門大學出版社，2012年），頁404–405。

也。」「威鎮」，指的是清溪之廟。本來，這應該是指位於南安的郭山廟；據《郭山廟志》說，「一二搜羅志乘、心知其故、猶難盡為淺見鮮聞者」，把「威鎮」之名「專屬」於清溪之廟。也即是說，清朝有一些人有意抬高清溪廟宇的地位，所以稍稍「修改」，甚至「創造」了一些傳說。

　　總的來說，曾天爵《敕封廣澤尊王譜系紀略》亦指「王〔……〕閩之南安人也」，只不過他後面忽爾又謂「世居泉之清溪」、「誕王於清溪梓里」。事實上，從「太王、太妃葬於清溪」到「謁陵」，再到「誕王於清溪梓里」，都可以看到一些「人為」的痕跡，別說今人，連當日清代的戴鳳儀也不肯苟且同意這些說法。他在《郭山廟志》如此解釋道：「王，閩之南安人也〔……〕王世居泉之南邑十二都郭山下，山以姓得名。嘗牧于清溪楊長者家，晨昏之思忽起，馳歸侍奉，依依如也。父薨，艱於葬地，王憂心忡忡，雖就牧潸然淚下。一形家鑒其孝，指長者山而告曰：『窆此大吉』王然之，稽顙謝。籲求長者而塋之，竣，乃歸郭山下而奉母以終身焉〔……〕適母薨，里人感王至孝，為祔於清溪故塋」，明確指出廣澤尊王是世居於郭山，即今詩山，而太王、太妃之墓，其實是楊長者之山，非其祖墓、家墓。今人陳蓉在其〈廣澤尊王信仰研究〉亦認同尊王為南安人之說，並且指戴鳳儀《郭山廟志》的解釋是「較為合理和具有信服力的」。[27]事實上，按今日可見之古代文獻所見，「王生於清溪故里」一說的證據最為薄弱，而且相關證據出現的年份最遲，也主要集中在清中葉以後；相反，廣澤尊王為詩山人之說則最為合理，因郭山廟早於南宋已建於詩山（昔日郭山）之上，且多有碑銘記之。故此，筆者以為廣澤尊王當為詩山人。

　　最後，戴鳳儀於《郭山廟志》卷之八的頁一、二寫了〈尊王舊事正誤〉一文，論證了所謂「王生於清溪故里」說之誤。今重新標點校勘，引錄原文如下，以供參考：

27　陳蓉：《廣澤尊王信仰研究》，福建師範大學宗教學碩士論文，2008 年。

由新加坡裕廊鳳山寺餽贈給福建詩山鳳山寺的牌匾。

王世居郭山下，志乘所載，言無異詞。獨曾天爵《譜系》謂王世居清溪。偏閱《閩書》及先正廟記、遊記皆無可碻證此。殆耳！食世俗之言而誤為附會邪？

俗云王在清溪牧羊，堪輿家為之葬父，密告之曰：「葬畢，亟宜逃避，必見有牛騎人、僧戴銅笠，方可棲身。」比至郭山下，果見其狀，因居焉。夫騎人銅笠之言，怪誕不經，君子弗信。若葬後始遷，則是偶然寄居耳。《閩書》洎《府縣志》何以云：「世居山下而神異哉」？曠觀古來史書，凡謂世居某地者，皆謂祖父歷代居此也。今繹志書，可知王之祖父，世居郭山之麓，而王即誕生於斯矣。

第三節　歷朝敕封概略

根據《郭山廟志》所載，輔以《尊王譜系紀略序》、《八閩通志》、《泉州府志》等文獻，整理出下頁列表。

時期	封號	封爵
南宋時期		
宋紹興朝	威鎮廟	威鎮廣澤侯
慶元朝		威鎮忠應孚惠廣澤侯
慶元朝（或作開慶元年）		威鎮忠應孚惠威武英烈廣澤尊王

（續上表）

其他文獻：
•《宋會要輯稿・禮（二十下）》：「在泉州府南安縣紹興六年十一月賜廟額威鎮 　十三年十二月封忠應侯」，頁845
•〔宋〕王冑〈郭山廟記〉：「其廟威鎮，其謚忠應孚惠。呈靈於五季，顯跡於國 　初，廟額錫於紹興之間，爵號增於慶元之始。」
•〔明〕黃仲昭《八閩通志》：「『賜今額』（紹興間）、「廣澤孚惠應侯」
•〔明〕陳學伊〈郭山廟記〉：「其後著靈於紹興、慶元之間，宋天子至遣官敕封 　之，侯王其秩，廓大其廟。」
•〔明〕何喬運《閩書》、清・劉佑《南安縣志》：「威鎮忠應孚惠廣澤」
•〔清〕黃任《泉州府志》：「威鎮忠應孚惠應澤侯王」
•〔清〕曾天爵《敕封廣澤尊王譜系紀略》：「威鎮忠應孚惠廣澤侯」（南宋光宗年 　間）、「提伯王」（南宋寧宗年間）、「忠應孚惠威武英烈廣澤尊王」（無確實時間）
•〔清〕翁學本《請封碑記》：「威鎮忠應孚惠威武英烈廣澤尊王」（只提及「有宋 　以來」）
•楊浚《鳳山寺志略》：「宋紹興朝，封威鎮忠應孚惠廣澤侯，並勅建威鎮廟，宋 　慶元朝封威鎮忠應孚惠提伯王，又封威鎮忠應孚惠武烈廣澤尊王。」
•楊浚清《島居三錄》：「後累加威鎮忠應孚惠廣澤八字，王冑為記。」（無確實 　時間）

清朝時期		
清朝同治九年		威鎮忠應孚惠威武英烈保安廣澤尊王

其他文獻：
〔清〕翁學本《請封碑記》：「同治九年四月十四日，奉旨加封『保安』」

　　從上表可見，戴鳳儀《郭山廟志》記錄了廣澤尊王四次封爵及郭山廟
一次賜額的情況。這四次封爵中，有三次發生在南宋朝，只有一次發生在
清朝，即戴之國朝；而賜額則僅有一次於南宋紹興年間。

　　戴鳳儀指「確有三錫[28]之典」，即前人所謂「敕凡三也」。這些敕書本

28　錫，即是「賜」。按《爾雅・釋詁》說，是「賜也」。

來收藏在鄉榆之中，鄉民「以神物珍之」，不是大慶典都不會打開來看。可惜的是，到了明代嘉靖年間，詩山遭遇島倭侵犯，碑文、敕書，隨同寺廟被賊寇燒毀。（詳見前文）於是，後世的人在考證這件事時，只能「粗知大略」，有關事情的年月、過程都不能得知。戴鳳儀這說法，正好解釋為甚麼敕封之事版本眾多。不過，從一些零碎的歷史文獻片段中，還是可以看到這「三錫之典」的記載。

　　清嘉慶年間，時值「提調兼總纂官」的徐松，從明代《永樂大典》中輯出的宋代官修《會要》之文，今稱《宋會要輯稿》。此書收錄了一條資料，題為「郭將軍祠」，如此記錄：「在泉州府南安縣，紹興六年十一月，賜廟額『威鎮』。十三年十二月，封『忠應侯』。」[29]《宋史》記載了當代敕封諸神祠的制度：「太常博士王古請：『自今諸神祠無爵號者賜廟額，已賜額者加封爵，初封侯，再封公，次封王，生有爵位者從其本封。婦人之神封夫人，再封妃。其封號者初二字，再加四字。如此，則錫命馭神，恩禮有序。欲更增神仙封號，初真人，次真君』。」[30]《宋史》的記載，正好吻

29　〔清〕莊徐松：《宋會要輯稿》（哈佛燕京學社影印本），第二十冊・禮二十（下）。

30　〔元〕托克托：《宋史・志第五十八・禮八（吉禮八）》（《摛藻堂四庫全書薈要》本），卷一百零五。原文為：諸祠廟。自開寶、皇佑以來，凡天下名在地志，功及生民，宮觀陵廟，名山大川能興雲雨者，並加崇飾，增入祀典。熙寧復詔應祠廟祈禱靈驗，而未有爵號，並以名聞。於是太常博士王古請：「自今諸神祠無爵號者賜廟額，已賜額者加封爵，初封侯，再封公，次封王，生有爵位者從其本封。婦人之神封夫人，再封妃。其封號者初二字，再加四字。如此，則錫命馭神，恩禮有序。欲更增神仙封號，初真人，次真君。」大觀中，尚書省言，神祠加封爵等，未有定制，乃並給告、賜額、降敕。已而詔開封府毀神祠一千三十八區，遷其像入寺觀及本廟，仍禁軍民擅立大小祠。秘書監何志同言：「諸州祠廟多有封爵未正之處，如屈原廟，在歸州者封清烈公，在潭州者封忠潔侯。永康軍李冰廟，已封廣濟王，近乃封靈應公。如此之類，皆未有祀典，致前後差誤。宜加稽考，取一高爵為定，悉改正之。他皆仿此。」故凡祠廟賜額、封號，多在熙寧、元佑、崇寧、宣和之時。

哈佛燕京學社影印本《宋會要輯稿》書影 ————

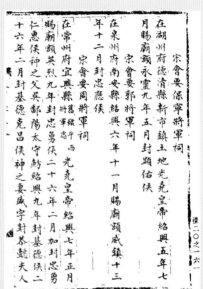

合了《宋會要輯稿》，因為廣澤尊王正是生前並無封爵號，故先於紹興六年獲「賜廟額『威鎮』」，幾年後，即紹興十三年，獲封「忠應侯」。

　　根據上述這兩條文獻資料，可以推知：第一，戴鳳儀所載與史實大致吻合，並無悖逆之說，即廣澤尊王及其祠確實在南宋獲得皇帝敕封。第二，南宋時期可能不止「三錫之典」，估計第二、三次之間還有一次。因為第二次只封了「威鎮忠應孚惠廣澤侯」，而第三次已封「威鎮忠應孚惠威武英烈廣澤尊王」；按《宋史》記載的「加封爵」制度，當是「初封侯，再封公，次封王」，即是說，可能缺了一次封公的記錄。第三，一些紹興年間「封王」的記錄，應該並不正確，因為這並沒有其他文獻佐證。

第四節　總結

在內地、港澳、台灣，乃至馬來西亞、新加坡等南洋諸國的漳、泉人，大多信奉廣澤尊王，故處處可見奉祀尊王的廟宇。作為閩南的鄉土保護神，廣澤尊王的生平事跡在族群之中廣為流傳，然而隨着流傳日廣，有關的傳說也愈演愈多。其中，以「姓名」、「生年」、「坐化」和「詩山人還是安溪人」的爭議最多。

通過上述的考證，不難發現，這四個「爭議」其實是無可解決。第一，作為最原始的文獻資料——王冑〈郭山廟記〉，今日所見之版本已非當日南宋原始版本，而其中哪些文字是嘉靖以後補刻，已無從稽考。第二，各類文獻的內容有的十分相似，存在着抄襲的情況，所以不能以「量」評估其真實性。第三，古人並沒有所謂「注釋」，資料源來為何，無從得知，只能憑藉其發表年份，估計其源。

而通過諸本文獻對比、整理工作，可以總結出三點：第一，地方史志，如《八閩通志》、《閩書》等，記載相對簡單，估計這也是因為南宋王冑的〈郭山廟記〉本來就是簡單，有關尊王生平事跡的記錄，主要有六個重點：姓名、敕封、信仰的開始與發展，以及郭山廟的擴充情況、建築和周圍風景。第二，嘉靖以後，傳說愈來愈豐富，其中以曾天爵《敕封廣澤尊王譜系紀略》最為詳細。考其原因，估計因為嘉靖年間，島倭「縱火焚廟宇殆盡」，把所有文獻資料都焚毀，所以後人只好依據自己的記憶、口述資料與傳說補充。第三，前文提及的一些文獻，有的對尊王的姓名、生日、坐化，甚至世系，都記載得清清楚楚，而且愈後的文獻，反而愈是清楚，這讓人不禁疑惑，這是真的嗎？廣澤尊王在五代時期只是一位地方小牧童，當世之史書自然不會將其事跡記錄。

事實上，或者這些傳說是一種「自然的演變」。以中國傳統小說為例，一些原創於唐代的傳奇小說，例如《霍小玉傳》，在經歷了元代、明代、清代人的「演繹」後，故事已豐富了許多，霍小玉的命運也截然不同了。因此，廣澤尊王的傳說是必然地愈來愈豐富的，也愈來愈符合時人與統治者的「良好意願」——「忠」、「孝」是傳統美德重要的項目，作為重要的鄉土保護神，廣澤尊王傳說也向着這個方向去發展。

附錄：王胄〈郭山廟記〉
　　　　戴鳳儀《郭山廟志・本傳》

一、王胄〈郭山廟記〉（見宋碑）[31]

　　宋解元進士　惠元教授　王胄記
　　解元狀元　資政殿大學士　曾從龍書

　　世之士大夫必廟食而封侯，非徒曰美秩徽號、瑞圭華袞，蒙君之寵而已也；非徒曰潔粢豐盛、肥牲旨酒，享民之祠而已也。其勞在於國，其功加於民：則山河同其誓，日月同其休，是所謂垂名而不朽也。今郭山祠是已。其姓郭，幼名忠福，其爵侯，其廟威鎮，其謚忠應孚惠。呈靈於五季，顯跡於國初，廟額錫於紹興之間，爵號增於慶元之始，迨今二百年間，國家寵渥有加而無已，井邑香火相傳而不替，是豈無所自而然哉！

31　原文見於戴鳳儀《郭山廟志》卷六，清光緒丁酉秋刊刻版。

生而英異，化而神靈。上則為國保障，佐時太平；下則為民休庇，相世榮達。禦災孚佑，福善禍淫，消水旱之災，屏盜賊之患，利國安民，周且悉，悠且久，所謂聰明正直者也。則侯爾封，廟爾食，壯爾廟宇，永爾祭祀，咸曰宜哉！昔初立廟，凡百草創，未免陋隘，乾道間，邑尉陳君大方等從而廣之，恢其隘，侈其陋。撫幹陳公君說為之記。凡士之輸財助力者，備記其姓名；侯之呈靈顯跡者，詳述其始終。自是鄉邑之祈於侯者，皆有稽焉。歷歲既久，祈禱益眾。侯德所庇，鄉人富繁，文物殷盛，已非昔比。士庶僉議以稱侯之德，又從而增廣其所未備者。歲在癸未，鄉之彥倡始其謀，鄉之士協力以贊。有財不怯其費，有力不憚其勞，有木有石皆爭輸之。鼎新廟宇，翼以兩廊，後立寢殿可以燕息，前闢門庭可以趨蹌。由階而升，八十有二層，巍其高也，煥其麗也。成之日，判簿戴公夢申作歌落之曰：「粲荔丹兮蕉黃，奠桂酒兮椒漿。儼冕黻兮輝煌，參鸞鶴兮翱翔。爆牲薦兮葷香，雞卜陳兮歲穰。驅百疫兮導千祥，蝗螟銷兮蛇虺藏。明綸巾兮天澤滂，徽名烏奕兮日月齊光。我民報祀兮永不忘。」神人相和如此！其廟背負文章，面把高蓋；龜山、育漿聳于左，魁纏、天柱聳於右。水環而山秀，地靈而人傑。攜牲酒以受釐，喧管弦而召和，四時不斷也，自是侯之封號日增，而里之人民日殷日富，日相繼而顯達夫昌時。一夕假寐於館，有神相訪，出一篇示予，予受而觀之，乃侯之履歷也。晨興，有人來自郭山，以奉侯之意，命予為記，乃以夢中語援筆而書之。

　　宋寶慶二年九月朔癸未。

二、戴鳳儀《郭山廟志‧本傳》[32]

傳之由來尚矣。左氏傳《春秋》，伏生傳《尚書》，其權輿也。至馬、班《史》、《漢》，羅古今賢俊創為列傳，後來史志因之。司馬貞謂「序列其人事跡，令可傳於後世」是也。尊王大節超超，足以振頑起懦，使不琲筆紀之，將年愈湮，傳愈難，何以為扶翼風教之一鑒！爰摭舊聞，敬述於篇，俾萬祀知王之事跡，有以興起其忠孝、仁愛之心焉。志本傳。

保安廣澤尊王傳（尊妃附）

王，閩之南安人。郭其姓，忠福其名。唐汾陽王，其遠祖也。由汾陽傳至嵩，入閩，再傳至華，遷於泉。王世居泉之南邑十二都郭山下，山以姓得名。祖父多隱德，母感異夢而娠，誕王於後唐同光初（按：923－926年），二月二十二日。王生有孝德，氣度異人，嘗牧於清溪楊長者家，晨昏之思忽起，馳歸侍奉，依依如也。父薨，艱於葬地，王憂心忡忡，雖就牧猶潸然淚下。一形家鑒其孝，指長者山而告曰：「窆此大吉。」王然之，稽顙謝。籲求長者而塋之，竣，乃歸郭山下而奉母以終身焉。後晉天福間，王年十六，忽牽牛登山，翼日，坐古藤上而逝。母至，攀其左足，塑像者因塑其左足下垂。迨母薨，里人感王至孝，為祔於清溪故塋，其得魯人合窆祔之禮與！初，王甫著靈響，里人建廟祀之，號「郭山廟」，亦號「將軍廟」，蓋偽閩時也。宋建炎四年（按：1130年），湯寇勃逼近境，民欲遁，卜於王，弗許。一日，大雨溪漲，寇不能渡，王衣白衣乘白馬，誘之淺涉，黠者多溺死，邑賴以全。紹興間，里人吳德奉王香火入京，值宋宮火，王麾以白旗，火遽熄，故有侯爵廟額之錫。慶元、開慶間（按：1195－1259年），復增封王爵。自是，王之聲靈轟烈，震讋天地間矣。明嘉靖之季（按：1522－1566

32　原文見於戴鳳儀《郭山廟志》卷六，清光緒丁酉秋刊刻版。

年），島倭寇詩山，鄉人築堡廟北，賊困之，不利，意以為神，縱火焚廟，碑敕俱毀。忽大雨驟至，賊之攻堡藥亦爐於火，遂懼而遁，四境獲安。僉曰：「非王之力不及此。」國朝，王靈益震，凡保國安民事難縷述。如剿曾匪、遏林逆、殲謝匪、沛甘雨、祛瘟疫，尤其彰彰者也。迄今薄海蒙庥，每當仲秋，展墓薦馨者，猶不遠數千里而來云。

尊妃氏黃，號懿德，後唐時正月二十三日誕也。或曰：妃少字於王，王薨後，妃一旦入廟而逝，里人因塑像並祀之。或曰：妃在宋紹興間（按：1131－1162年），曾敕封「妙應仙妃」。年代既湮，敕書亦毀，姑弗深考。然自並祀以來，凡王所著績，妃每與有力焉。

論曰：尊王，古孝子也。思親盡誠，葬親盡哀，雖狄梁公之望雲、王偉元之泣墓，無以過此，宜其生為英而死為靈哉！歷觀救火、蕩寇、蘇旱、祛瘟諸事跡，功在於國，所謂移孝作忠也；澤被於民，所謂親親而仁民也。卒至襃封王爵，榮及先人，而遐邇謁瑩又亙萬古而罔替，是所謂放諸四海而皆準，施諸後世而無朝夕者也。《禮》曰：「大孝不匱」，尊王其庶幾乎！尊妃亦古之烈者也，入廟並逝，配享千秋，殆所謂附驥尾而名益彰者歟！

第四章

香港鳳山寺

紀事

第一節　概況

　　香港鳳山寺是本地奉祀廣澤尊王的主要廟宇，它位於香港新界屯門小坑村 129 號，2008 年 12 月 28 日（農曆戊子年十二月初二日）破土動工興建。2009 年 1 月 18 日（農曆戊子年十二月廿三日）初步完成建設。2009 年 10 月 2 日（農曆己丑年八月十六日），從祖廟詩山鳳山寺迎來的廣澤尊王、妙應仙妃、劍、印童子、福德正神金身抵達香港鳳山寺，同日舉行隆重的安神入座儀式，並於當晚假座廟前大廣場舉辦千人盆菜宴慶賀。

正在動工興建中的香港鳳山寺大殿。

香港鳳山寺請來法師進行安神入座儀式。

法師正在帶領進行安神入座儀式。

香港鳳山寺，曾以「鳳山寺廣澤尊王（香港）建設委員會有限公司」為名在本港註冊，其後因配合發展需要，於 2012 年 7 月 24 日取消香港註冊登記。2012 年 8 月 28 日，在鄉賢李建超、林長榮、羅清源、李再來、呂斌、呂榕、葉少鳴、葉培輝、洪益良、陳德明、洪培慶、洪思瑜、洪成濱、陳振芳、陳炯林諸先生的倡議下，「香港鳳山寺有限公司」正式在香港註冊成立，並於 2014 年 1 月 1 日，根據《稅務條例》第 88 條，正式註冊為獲豁免繳稅的慈善機構及慈善信託。

宗旨

香港鳳山寺宗旨是「弘揚中華鳳山傳統文化，以廣澤尊王忠孝節義、大慈大悲、美德和諧、至忠至孝之精神；積德行善、福祉社群、助弱扶貧、贈醫施藥」。未來，香港鳳山寺期望繼續為善信提供永久參拜「聖公」、「聖媽」之場所，發揚廣澤尊王的「忠」、「孝」精神，並積極推廣福建文化。

聖物：求子必成──妙應王妃寢宮

香港鳳山寺設有「妙應王妃寢宮」，並設有龍床，據說它是「有求必應」的，而「求」的，正是「生兒育女」。

2009 年 10 月 4 日，香港鳳山寺從福建省南安市詩山鳳山寺祖廟，恭迎廣澤尊王和王妃的金身駕臨香港屯門鳳山寺入伙安座，並在神壇後面，興建一間「妙應王妃寢宮」，且設有龍床。

傳說，千年以來，「妙應王妃寢宮」龍床已幫助了無數「想生孩子」的善信。

香港鳳山寺內廣澤尊王及妙應仙妃的金身。

　　據香港鳳山寺洪成濱:「只要坐在龍床上,摸一摸龍枕(被),就能時來運轉;坐一坐,早生貴子。」除了能「求子必成」外,也有一說謂:「摸摸龍枕,高枕無憂。摸摸龍被,一年好到尾。」「妙應王妃寢宮」是莊嚴的地方,沒有得到寺廟的許可,一般人不能隨便進入。洪成濱又指:「善信要先向聖公聖媽上香請准,並擲筊獲三次『聖杯』,他才可以進入。」具體程序如下(最好是夫妻二人一同參拜祈求):

1. 選定日子,並在出門前,沐浴更衣,潔淨身體。接着,直接前往香港鳳山寺。
2. 入廟,隨個人意願「添油」,在盛載「香油」的利是封上,寫上夫妻二人姓名、住址,然後放在香爐邊。
3. 上香,跪拜聖公、聖媽,誠心稟告曰:「信男(女)□□□,□□省□□縣□□鄉人氏,現住在□□道□□號□□大廈□□樓□□室,今日專程到此誠心叩拜聖公、聖媽,祈求聖公、聖媽保佑信男(女)□□□,……(心中所求)。」
4. 起身,擲「筊杯」請准。如獲「三聖杯」,則可進入妙應王妃寢宮。
5. 坐在「龍床」邊,繼續誠心默默祈求聖公、聖媽保佑。大約五至十分鐘後,退回正殿。
6. 再次「三跪拜」,然後把「香油」(利是)放入「添油箱」。禮成。
7. 直接返回家中,其間不要前往他處或做其他事。

備註:如擲筊時,未能擲得「三聖杯」,則可能是因為祈求誠意不足,或所求之事並不清晰;善信可以重新稟告祈求。不過,如果連擲三次都是「陰杯」,則可能有其他因由,可尋求「聖公靈簽」指點。切記:「夫妻同心,心誠則靈。龍子鳳女,喜隨君願。」

「妙應王妃寢宮」龍床。

第二節　建築

　　香港鳳山寺共有三期工程，今已完成第一期工程，尚有第二、三期工程未完成。

單簷歇山式閩南傳統建築

　　香港鳳山寺共有三殿，為整座「單簷歇山式閩南傳統建築」。「單簷」，是指屋頂只有一層屋簷；「歇山」，又稱「廈兩頭」（唐代慣用的稱呼）、「九脊殿」（「九脊殿」，又俗稱「漢殿」、「曹殿」，故這可能是從漢魏時期沿用下來的稱呼），屋頂共有十一條脊：一條正脊、四條垂脊、四條戧脊、兩條博脊。[1]

　　香港鳳山寺大殿的建築面積為：13.20 米闊乘 10.45 米深。其外牆主要以青石、印度紅麻石砌成，三面裙堵[2]採用青石螭虎座，以示莊嚴尊貴。柱以木作，其橫通、枋、雀替、連巾及吊桶（又稱「垂花」）均採用非洲柚木製作，全用榫接、藤綁、鼓釘牛皮封釘。

　　大殿的建築規範、結構和材料，都符合國家或省級標準。設計公司為泉州博文古建築設計有限公司，而營造者為「福建閩南古民居營造技藝市級傳承人」葉本營師傅。

1　賈洪波：《中國古代建築》（天津：南開大學出版社，2010 年），頁 76－79。

2　裙堵，即裙牆。裙牆，中國北方稱「群肩」，其砌法依形狀及所用材料有四種：「堵石」、「礩石」、「石碻」、「卵石」。閩南泉州地區盛產石材，多以白色或灰白色花崗石（又稱「泉州白」）作為群肩材料。白花崗石以「礱白」質地最佳，產於南安石礱一帶而得名。詳見曹春平：《閩南傳統建築》（廈門：廈門大學出版社，2006 年），頁 135。

三殿設計

左殿為觀音殿，供奉：財神爺爺、觀音佛祖、土地公公。

右殿為太歲殿，供奉：斗姆元君、右弼隱光星君、左輔洞明星君、六十甲子太歲星君。

正中為聖公殿，供奉：聖公、聖媽、開基聖公、聖旨牌、注生娘娘、魁星爺公、印童子爺公、劍童子爺公、右童子爺公、左童子爺公。內殿置有龍床（聖嬤床），兩邊有石雕與木雕，上雕有《群仙會》、《賀壽圖》、《獅子留燕》、《鳳獅抱球》、《極樂世界》、《觀音講經》、《鳳馬朝春》、《銀狨如意》；正廳地板有雕刻青石拜石《玖品蓮花》。

三座大殿的外觀。

三殿楹聯

大殿兩邊：「維港灘頭千尺浪　屯門聖地一支香」。

內殿：「威鎮香江廣運無疆萬家福澤　保安環宇尊親至聖牧子封王」。

大殿正中：「鳳禪香港威聖跡　山寺寶田鎮王公」。

太歲殿和觀音殿。兩邊大殿都刻有楹聯。

第三節　口述歷史

　　香港鳳山寺是廣澤尊王「祖庭」[3]詩山鳳山寺的「分爐」，[4]兩者關係密不可分。考香港鳳山寺建寺之初，實有賴洪成濱、陳偉洸、陳茂圳，以及一眾善信大德四處奔走，身體力行，盡心建設寺廟。可惜，當日草創之時，百廢待興，諸先生無暇兼顧文獻記錄，故有關檔案並不齊全。因此，本書特借助其他研究方法，假香港鳳山寺會議室，請三位先生進行口述歷史記錄。

　　訪問日期：2018 年 1 月 24 日

　　訪問地點：屯門小坑村香港鳳山寺會議室

　　訪問者：葉德平博士、劉玲女小姐

　　受訪者：洪成濱先生，香港鳳山寺管理者

　　　　　　陳偉洸先生，香港鳳山寺秘書

　　　　　　陳茂圳先生，香港鳳山寺官方網站管理者

3　分佛教祖庭和道教祖庭。指兩教宗派祖師常住、弘法和歸葬的寺院。

4　分香又稱分靈，是指到宮廟求取神明的香火回去供奉。一般來說，信徒或地方新建廟宇若要供奉某一尊神明，往往先到歷史悠久、神跡顯赫的大廟，只要擲筊獲得神明首肯，即可求取神明香火的靈力。經過分香的儀式處理之後，新造的神像被視為大廟神明的分身，具有相近的靈力，但須參加祖廟祭典，定期回到祖廟進香刈火，經由過爐、乞火等儀式，才能增添或保持神尊的靈力，並確認兩廟之間的香火淵源。參考自《全國宗教資訊網》，https://religion.moi.gov.tw/Knowledge/Content?ci=2&cid=30。

4.3.1　建寺緣起

摘要：洪成濱從七、八歲懂事開始，就在鄉下詩山鳳山寺拜祭聖王公 ——即廣澤尊王了。與香港的廣澤尊王信眾一樣，每逢拜祭時節總要不遠千里到詩山的鳳山寺才能上香。直到 2008 年，詩山同鄉會成立，邀請了詩山鳳山寺的聖公正身來港巡遊，洪成濱眼見眾多信眾都在誠心地拜神，深受感觸，因此引發起他希望在香港興建一座鳳山寺分廟的念頭。當時，他構思若能在香港建造一座寺廟，信眾就不用千里迢迢回鄉參拜。於是，他第一時間去找詩山的鄉里洪培慶，洪培慶在屯門小坑村經營地產工作已有三十多年，當時亦是詩山同鄉會的名譽會長。二人商量過後就決定在小坑村一地建寺，該地的物業權屬洪培慶，然後洪培慶着洪成濱回鄉打造聖公聖媽的金身。

> 洪成濱：2008 年詩山同鄉會成立時，請了我們的大王來坐鎮。
>
> 葉德平：大王即是……？
>
> 洪成濱：即是聖王公的正身，祖壇的正身。
>
> 葉德平：即是把祖壇的那尊佛請下來？
>
> 洪成濱：對。那時我跟陳偉洸先生二人負責宣傳的部分，我負責那個壇，當時要獲中央批准啊！請了（佛）下來之後，就放在位於老圍村的圓玄學院裏，那兒有一個地方讓我們去設壇。我跟陳偉洸經常去幫忙，我負責宣傳、簽名等等……
>
> 葉德平：我補充一下，你剛才提到的那尊佛就在 2008 年從福建請來，先放在荃灣的圓玄學院，請問放在那裏多久了？
>
> 洪成濱：前後一個星期。
>
> 陳偉洸：對啊，後來那個同鄉會成立，廣澤尊王就被請到大會。

葉德平：我組織一下，2008 年就把佛先從祖壇那裏請來荃灣圓玄學
　　　　院，先放在那兒大概一個星期，然後再請到詩山同鄉會⋯⋯

洪成濱：不不不，是三日。那時候啊⋯⋯萬人空巷，我看見那場面，
　　　　真是很感動。

陳茂圳：聖公更來過香港巡遊。

葉德平：哦⋯⋯其實當日是來巡遊的。

陳茂圳：對。巡遊三日。

葉德平：那在甚麼位置巡遊？巡遊路線是怎樣的？

洪成濱：在車上由紅磡過海過去。

葉德平：有人駕私家車去載聖公正身嗎？

洪成濱：不，用一輛大貨車，然後（把佛）請過去會展。

葉德平：在會展預訂了一個場地？

洪成濱：是預訂了一個場地，因為詩山同鄉會成立

陳茂圳：那時大會在會展成立嘛。

洪成濱：我那時就感恩，覺得好屬害，那些善信真是每個都很誠心，
　　　　每個都拿着香跪在地上拜。

陳茂圳：真是久旱逢甘露啊！我們那些信眾是第一次見聖公正身，第
　　　　一次來香港。

葉德平：最重要就是祖壇的真身第一次來香港⋯⋯

洪成濱：對。

葉德平：那（祖壇的真身）在圓玄學院放了三日之後，就開始巡遊
　　　　了。巡遊是由荃灣駛至紅磡，再從紅磡過海去會展，在會展
　　　　設了壇，讓信眾去拜。你（洪成濱）當時看見萬人空巷，看
　　　　見大家都拿着很大支香在拜，就感到很感恩，所以觸發了你
　　　　一些想法？

洪成濱：當時我就想，如果在香港經營一所寺廟，信眾就不用千里迢迢回鄉下，又不用這麼辛苦。於是我第一時間去找我們的鄉里，他就是洪培慶，本身就在這個小坑村，做地產工作做了很久，有三十多年了。他那時是詩山同鄉會的名譽會長，我們就送一張請柬過去給他。

葉德平：是一張關於甚麼的請柬？邀請他興建寺廟？

洪成濱：是一張感謝狀。

陳偉洸：頒發證書。

葉德平：那證書是關於甚麼的？

洪成濱：詩山同鄉會成立。

葉德平：哦……成立後要給他一張「名譽會長」證書。

洪成濱：對。我給他送那張證書時就看到小坑村 129 號這個地方。

葉德平：你以前未來過？

洪成濱：未來過！我看到後心想：這裏環境這麼漂亮。我就對他（洪培慶）說了我想在香港建廟的構思。洪培慶即時說：「好！我經常感覺自己背後有一尊紅面佛跟着。」我即時告訴他那尊紅面佛就是「聖王公」。在輩份上他叫我阿叔，他於是回應：「阿叔，這個地方，如果請聖王公來這裏，效果一定很好，不用讓人那麼辛苦回鄉拜神。」我正正也有這樣的意思。他說不如我們二人來建寺。那時候，我們準備兩個人來做。

葉德平：只有兩個人，你們不怕辛苦嗎？

洪成濱：那時候我都沒有考慮過這個問題，我看到他那個地方，就對他說，如果他有意思，我們坐下來慢慢商討一下。過了一段時間之後，我和太太就再來屯門小坑村，他說是不是想建

寺，是就動手做。我就説好，他就説：「有意思，你看看這
個位置⋯⋯」那時只有一間小屋而已，破破爛爛的小屋。

葉德平：香港鳳山寺的原址只是一間小屋？

陳茂圳、洪成濱：鄉下的那種士多。

葉德平：那原先此地的物業權⋯⋯？

洪成濱：是他（洪培慶）的。他問：「這裏行不行？」我看了看周圍，
二話不説，就跟他説可以，沒有問題。他説沒問題，就叫我
回去拿錢裝金身，[5] 裝聖公聖媽的金身。

4.3.2　香港鳳山寺的建廟過程

摘要：洪成濱先墊付了打造金身的錢就回鄉去準備，而另一邊廂，洪培慶
則在香港建廟。由於要趕在過年前完工，因此只用了二十一天便建好了簡
單的寮屋當作臨時寺廟。

　　洪成濱回鄉後，首先到詩山鳳山寺求簽及擲筊，因建分廟要先問准聖
公批准與否。他擲了三支簽，第二支就擲到了上簽（第二十一簽），然後
再擲聖筊也得到了聖公許可。得到聖公許可後，洪成濱又擲聖筊請示金身
的身高可裝多高，經過多次擲筊後，最後聖公應許了金身可裝一百零六公
分高，只是矮過祖廟的金身（一百一十公分）一點點。

　　之後，洪成濱按着金身的尺寸去了梅山鎮，再去惠安縣找雕刻師傅，
師傅就給了他五百年的樟木木塊來造金身。找到木後，下一步就要在詩山
鳳山寺內開斧，開斧就是造神像之前的第一刀，當時還請了法師作開斧

5　以金飾身的佛像。

儀式，一切按古典儀式去做。神像在農曆十二月造的，到了四月二十日完成，就讓洪成濱他們又回詩山去請法師開光，然後安放在祖廟大房內接受香火。直到 2009 年農曆八月十五，他們才將神像請來香港，先放在中環文化廣場，兩天後，再舉行隆重的安神入座儀式，安放於香港鳳山寺。

香港鳳山寺的落成並非單靠一人之力，初時只是一間小小的寮屋，安放着聖公神像，直到 2014 年管委會成立，林樹哲、徐偉福、楊連嘉等善長各捐出一百萬港幣買地建廟，鳳山寺才擴建成現在這般規模。還有得到詩山鳳山寺的支持，才能順利地聯繫各方工作。

在屯門小坑村內建廟後，因為聖公保佑闔境平安，連附近兩條村的村長也都來拜神了。

葉德平：裝金身即是怎樣呢？

陳茂圳、洪成濱：即是造一座佛像的金身。

葉德平：在哪裏造？

洪成濱：在福建造。他（洪培慶）就說：「你就拿錢回去裝金身，我就在這裏建廟。」

葉德平：那裝金身的錢是洪先生……

洪成濱：那時候是我自己先墊付這筆錢。我去拿錢回去裝金身，他就在這裏建一座廟，花了二十一天就建好了這座廟。

葉德平：二十一天……為甚麼可以這麼快呢？

洪成濱：那時候天很冷，在十一、十二月。

陳茂圳：是差不多過年的時間。

葉德平：快過年的時間，真是很趕急呢！

洪成濱：很趕急啊！他（洪培慶）又親自去幫忙，又叫其他人來幫忙，所以很快便把寺建好了。

葉德平：那廟的樣子就像現在這樣？

洪成濱：不是不是。那時候還很小、很簡易的。

陳茂圳：就是那些木屋的模樣。

葉德平：哦⋯⋯就是上面有鋅板那種。現在這個廟是之後才建的？

陳茂圳：現時這個廟是比較正規的了。

葉德平：那你有沒有當時的相片？我見你很喜歡攝影，你有沒有拍下當時那間簡易的廟的相片？

洪成濱：有！我們有錄影的。

葉德平：我們屆時可以拿這些相片看看，這些相片重要，因為是有關建廟的。另外，2008年裝金身的時候，有沒有遇到困難？例如你須要親自去挑選嗎？又或是（把佛像）運來香港時有難度？

洪成濱：當時剛建好的廟只是寮屋。後來我就回去了，兵分兩路，他（洪培慶）在這裏建間小屋，我回去裝金身，而且第一時間就去鳳山寺，要抽的，又要擲聖筊的，要問聖公肯不肯。

葉德平：擲筊問准聖公，即問廣澤尊王准不准。

洪成濱：第一時間就擲了二十一簽，（簽文）講得很清楚的。

陳茂圳：就是上簽吉簽的意思。

葉德平：「營求吉穴築高堂，此地誠為美利牆。庇蔭祥懷成美利，子孫永保福繁昌。」如果單從詩去解的話，就是說其實這是一個很好的地方，在這裏建廟宇的時候，子孫就永享福了。這簽很好。

洪成濱：對，所以說⋯⋯

葉德平：一擲就擲到這支了？

洪成濱：擲了三支簽，第二支就出了這個（第二十一簽），再打聖筊，

就可以了。

葉德平：為何要抽三支籤呢？

洪成濱：我們擲筊，抽第一支籤就陰筊，陰筊就是兩個（凸面），就
不行。第二支籤就抽到這個第二十一籤了。

葉德平：就是一陰一陽了？

洪成濱：就是一陰一陽。那我們就……

陳茂圳：即是得到聖公許可了。

葉德平：平面就是陽，反過來就是陰，所以第二支籤（聖王）就許可
了。碰巧（這籤）就是在說地利。這支籤很有趣的：它說得
很清楚是有關建造東西的，即是建廟宇。那其實就正正命中
了（建廟）這件事，所以說很應景。

洪成濱：對，很應景。原本我們三次想換地方建寺都不成功。

陳茂圳：就是去請示聖公也不行。

葉德平：為甚麼無故要換地方？要三次？

洪成濱：因為政府計劃發展這個地方。

陳茂圳：補充一下（擲筊的解說）。陰陽筊又叫作順筊，即是佛祖答
應你；陰筊就不可；笑筊就「中等」。

洪成濱：得到聖王許可之後，我就回去裝金身了，第一時間去福建的
土廟。

葉德平：福建詩山鳳山寺祖庭那裏？

洪成濱：對，請准聖王公，（祂）肯了，然後就決定要裝的金身大小，
不是你說要多大就多大。

葉德平：即是要請示聖王公，讓祂告訴你？

洪成濱：對。那就打筊……打聖筊，我就用九十八公分。

葉德平：為甚麼要用「九十八」這個數字？

洪成濱：代表長長久久嘛。

葉德平：那為甚麼不用「九十九」呢？

洪成濱：我們是用「九十八」的。福建人就是喜歡用「九十八」，有「長長久久」，又有「發」的意思。我們由九十八公分開始抽，但是（祂）不答應，太小了。那就由九十八、一百、一百零二、一百零四，一直去打聖筊，打到一百零六公分，才有順筊。

葉德平：哦……一直這樣加上去，聖公才肯答應你。

洪成濱：每次加兩公分上去。我後來問鳳山寺的住持，為甚麼要這樣呢？我不明白為甚麼待至一百零六公分才有順筊。他說，他們大王呢，就是一百一十公分。

陳茂圳：即是說他們那尊大王（的佛像）就有一百一十公分。

洪成濱：那我們把大王請到外面（外地），不能跟祖廟的一樣高，只能是一百零六公分。他說聖王公已經很給你們面子了。

葉德平：這裏我先補充一下：意思就是祖壇裏那原身的廣澤尊王金身是一百一十公分高，而在擲筊的過程裏，廣澤尊王很給香港善信面子，讓他們把佛像造得差不多高，只是矮一點而已，就是一百零六公分，可見已經很照顧我們了。

洪成濱：很照顧我們，因為我們是分爐嘛。

葉德平：分爐沒理由和祂（原身）一樣高，無論如何也要矮一點的。

陳茂圳：不能平起平坐的。

洪成濱：那我就按着一百零六公分的尺寸，去找雕刻師傅。

葉德平：後來到了哪裏找？

洪成濱：後來去了梅山，又去惠安縣找那個師傅。那個師傅就替我們找了兩塊很大的，起碼有五百年以上的樟木。

葉德平：五百年……去哪裏找？

洪成濱：那棵樹很大的，需要兩、三個人才能把它圍住。他（師傅）以十字形割開木頭，我們就取了其中兩塊，去造大佛。

葉德平：剛才提到兵分兩路，洪培慶先生在香港建廟，建了二十一天，你就在上面造金身……沒理由只花了二十一天，這麼快就造完？

洪成濱：不會這麼快完成的。我回去先找那些木，找到木之後就要去開斧。

葉德平：即是好像我們要動土一樣，開斧就是造神像之前的第一刀。

洪成濱：對。我就要求一定要跟着古代的樣子去做。但他（師傅）說不行，說很困難。我就跟他說不要說難不難，這是香港第一座（聖公像）。我們就開始造了，第一時間去開斧。開斧之後，詩山祖廟裏非常熱鬧。

葉德平：在祖廟裏對着神像開斧？

洪成濱：在祖廟的大雄寶殿內開斧。

葉德平：有沒有請法師？

洪成濱：有！在社壇那裏有一個老師傅，他去找了很多古典出來，按着古典去做開斧儀式。

葉德平：剛才提到那個佛像是按一個儀式去造的，我想問造佛像的時候，佛像一定是仿品，那它仿照甚麼呢？

洪成濱：依照我們祖廟（的佛像）以前的舊相片去模仿。

葉德平：按照祖廟裏廣澤尊王最原先、文革之前的樣子去造？

洪成濱：對。

葉德平：好。這裏出現了第二個問題，就是現在位於鳳山寺裏的新佛像是不是和以前的不一樣？

洪成濱：不一樣！

葉德平：和你小時候看到的那尊（佛像）不一樣？

洪成濱：不一樣！

葉德平：那為甚麼他們不按照舊佛像的樣子去造？

洪成濱：沒辦法的。（佛像是）請那些師傅來造，這是他們的構思……

葉德平：但為甚麼這一尊又可以造得一模一樣呢？

洪成濱：也不是一模一樣的。

陳茂圳：洪先生指的那一尊在文革時被人毀了之後，很多人都是憑記憶去把佛像造出來，現在拿一尊來做模板，其他都依照那個模板去造，相差不是太遠。

葉德平：我明白了，鳳山寺祖壇的神像就是那些工匠憑記憶將佛像重新雕出來，然後日後的廣澤尊王像都是以鳳山寺祖壇的像作為一個模板。

洪成濱：即是舊時（的佛像）多數都用以前的（佛像）樣子作為模板，憑着以前的相片去造。

葉德平：那張相片攝影的對象就是文革之前的那尊佛像。現在這尊就是按着那尊的模樣去造。

洪成濱：對，對！我們那時就說不用了，叫他以人手盡量按着照片雕出來，我們看了之後覺得可以，那就可以了。

葉德平：剛才說開斧儀式，說到自社壇請來了一個老法師，用最古老的儀軌儀式完成祭祀，接着就開斧了。

葉德平：那麼佛像造了多久？

洪成濱：佛像是在舊曆十二月份造，至四月二十二日給我們。

葉德平：十二月份造，四月二十二日給你們。

洪成濱：四月二十二日讓我們去開光了。

葉德平：佛像開光的時候便已經運到來香港了？

洪成濱：沒有沒有，還在祖廟那裏。

葉德平：接着就請了同一個開斧法師去做？還是找另一個法師做？

洪成濱：請了多個得道大法師開光。開光那時是半夜，子時去開光，十一時十五分開始。那時又是人山人海，在祖廟那裏，半夜三更有很多人。

葉德平：即是周圍的善信都來了？

洪成濱：對，DVD和相片全都有記錄下來。

葉德平：剛才說到這個過程的時候，我聽到這個建廟的過程暫時都是由洪培慶先生和洪成濱先生在主持，你們兩個其實很辛苦，你們在其間有沒有招募一些善信去幫忙呢？

洪成濱：有！有很多！他們（陳偉洸、陳茂圳）也是來幫忙的。

葉德平：陳偉洸先生和陳茂圳先生在當時已加入去幫忙，那你們當時有沒有一起回內地參與開斧？

陳茂圳：沒有。

葉德平：然後就在那兒開光，接着第二天就（把佛像）請回香港來了，對吧？

洪成濱：沒有，就放在那裏，到四月二十二日開光。（佛像一直）放至八月，我們那時有抽簽，是第六簽，就放在那裏。一輪明月照中秋，八月十五，（佛像）就放在祖廟那個正身大房內接受香火。

洪成濱：本身聖王公就是在那兒化身（「坐化」[6]）的。

6　坐化是宗教用語，是指已修行到某個程度的大德高僧，安然地端坐死去。另外，佛教會稱此為「圓寂」，道教會稱此為「羽化」、「登仙」。

葉德平：哦……那是成仙的地方。所以將那佛像放在那裏，於農曆四月二十二日開了光之後就放到大房裏。

洪成濱：對，直至八月十五才請下來（香港）。

葉德平：原因是甚麼呢？因為你問准神了，神就告訴你（佛像）要放在大房裏，讓月亮照過（神像）……

洪成濱：不是。放在那裏，（是因為）那間房是屬於聖王公化身的，就讓它（神像）感受一下。

陳茂圳：即是在祖廟那裏吸取靈氣，增加自己的靈力。

葉德平：接着到八月十五之後（把神像）請回香港……

洪成濱：此前先去了詩山那邊走一圈，然後才巡遊過來這邊。很熱鬧啊！

葉德平：為甚麼要到詩山走一圈呢？

洪成濱：接受歡送啊。

陳偉洸：就在詩山文化廣場（龍山宮）那邊運送過來了。

葉德平：來到香港出入境，九十幾公分的神像一定要用車運下來。自己訂一輛車運下來，那過關的時候，海關一定會查問的。

洪成濱：單是在那裏就被扣查了兩個多小時。

葉德平：扣關要查你們的，因為不知道你們運了甚麼下來。

陳茂圳：有省批文的。

葉德平：扣完關，之後就放了你們。

洪成濱：放了出來，（扣了）兩個多小時。

葉德平：但當時其實已經拿到了省的批文了？

洪成濱：拿了批文了。

葉德平：即是無問題，順利下來了？

洪成濱：沒有問題。

葉德平：接着就直接送來了香港鳳山寺這裏？

洪成濱：不是，送去了上環文化廣場。

葉德平：為甚麼要送到那裏？

洪成濱：那時和詩山同鄉會合辦。

陳茂圳：那時是四尊佛像一起運下來的。

葉德平：在香港，最高的是這座香港鳳山寺佛像了？

洪成濱：對。最早和最高。

葉德平：那真的很重要。佛像（運）下來後，廟就建成了。我看到這
　　　　裏有很多善長人翁，他們是在甚麼時候加入鳳山寺這個團
　　　　體的？

洪成濱：在 2012 年加入的。

陳偉洗：金身來到之後有（舉行）巡遊的，那時隨巡遊來的也有上
　　　　千人。

葉德平：即是金身來到香港之後有做過一次巡遊？

洪成濱：有。

葉德平：因為巡遊是一項特別的活動，那是福建人比較常做的。巡遊
　　　　可以保四境平安，對吧？

洪成濱：對。

陳偉洗：在這兒（小坑村）也有。

陳偉洗：很快便融入小坑村了。

洪成濱：很快！兩條村的四個村長全都來拜。

葉德平：他們都有來拜的？

洪成濱：有！

葉德平：為甚麼？

洪成濱：因為（聖王公）能保佑他們闔境平安嘛。

陳茂圳：在這個古舊的地方有新鮮的事物出現，如果周圍的人平平安安，他們就沒有意見；如果有甚麼意外事件，他們就會歸咎於你了。(現時建了寺廟而周遭並沒有任何不愉快的事發生)這證明了聖公是靈驗的。

葉德平：剛才陳茂圳先生説得很對：中國的宗教傳統——又或是建廟等，最重要的是建好之後，大家都安全。如果大家都平安，那大家便會支持。這是中國人的習慣。陳茂圳先生説得很好。剛才提到洪培慶先生是第一個加入管委會的，接下來其他善長都是接續加入的？

洪成濱：接續的加入。那些本村的村長也有加入。

葉德平：那其實可以看到鳳山寺很快融入香港這一個地方，對吧？

洪成濱：對。

葉德平：融入香港這個社會才能永續去繼承。

4.3.3　總結

　　洪成濱是第一位加入香港鳳山寺管理委員會（簡稱「管委會」）的，整個管委會以福建人為主，後來小坑村的村長、議員、名士俊彥也都陸續加入，證明了廣澤尊王這個信仰很快就融入了香港。香港鳳山寺建好後，主要是靠着聖公的靈驗，大家口耳相傳吸引信眾來參拜。

　　為使香港鳳山寺更實際地凝聚海內外信眾，陳茂圳於 2008 年在「南陳宗親網」分域，建設了專頁，名為「香港鳳山寺」，讓各位同鄉在無遠弗屆的網絡中也能連接到有關廣澤尊王的資訊。

　　在信仰層面以外，香港鳳山寺還與社會產生一種互動的關係，在收到善信的香油後，把部分用作慈善工作，例如以香港鳳山寺的名義捐贈中

國扶貧基金會，支援一些自強不息的學生就學，務求宣揚宗教導人向善的信念。

4.3.4　後記

是次訪問的主要目的是搜集來自洪成濱、陳茂圳和陳偉洸三位先生記憶之中的史料。我們希望親身訪問曾經存活於歷史現場的見證人，用文字筆錄、聲音記載、相片存影，盡力把這些「隨時間流逝」的史料留下，作為日後研究的素材。

回憶是美好的，也是零碎的，三位先生斷不可能像教科書一樣，按預設的脈絡敘述。所以，這些記錄有時會出現跳躍式的陳述。不過，這並無礙它作為史料的價值。

在訪問之中，我們通過小組的對話、昔日的老照片，幫助他們重組記憶。並且，我們嘗試在紛紜的枝節中，尋覓主幹，突出焦點，確保內容系統地延伸。訪談之後，我們則努力梳理思緒，重建歷史語境，盡可能還原歷史原貌。

畢竟，口述資料是以記憶為依據的，由於眾人認識水準和記憶的偏差，口述資料可能與事實有出入。故此，我們在整理口述資料時，在保持原始資料的同時，亦會加以注釋論證。假如口述資料與文獻資料有所抵觸，而又難辨真偽，我們會羅列兩種觀點，以待進一步考證。另外，基於對受訪者的尊重，我們會盡量保留口述資料的原始性，以期給日後的資料使用者留下一個可供「繼續被解釋」的開放的空間。

第四節　十年大事紀略

　　為便於記錄，本書把香港鳳山寺建寺十年以來的大事、歷史，整理成下面的列表。

日期	事件
2008 年 12 月 6 日	由鄉賢洪培慶、洪成濱等專程回詩山鳳山寺祖廟誠心祈禱，求得靈籤第二十一籤。詩曰：「營求吉穴築高堂，此地誠為美利場，庇蔭蚢礞成美利，子孫永保福繁昌。」
2008 年 12 月 28 日	香港鳳山寺破土動工興建，地址屯門小坑村 129 號，周邊有大型屋邨良景邨、寶田邨、兆邦苑等。
2009 年 1 月 8 日	由洪成濱等回鄉雕刻聖公聖媽諸佛像五尊： • 聖公金身，高 106cm • 聖媽金身，高 98cm • 劍童金身，高 68cm • 印童金身，高 68cm • 福德正神（土地公）金身，高 68cm 金身材料在仙游縣取之，有五百年樹齡樟木，並邀詩山造佛世家李庭海承造，在惠安聖寶木雕廠製作。
2009 年 1 月 15 日	在詩山祖廟鳳山寺，隆重舉行廣澤尊王、妙應仙妃、劍印童子、福德正神等金身木雕製作開斧儀式。
2009 年 1 月 18 日	完工，有三間寮閣，正名香港鳳山寺，實用面積六百呎，殿前有幾萬平方呎的大廣場，可供大型慶典活動應用。
2009 年 1 月 24 日	舉行入廟儀式。
2009 年 2 月	香港鳳山寺所在地小坑村謝貴歡村長及所有村民聯署同意上址作供奉家佛，立壇弘揚佛法，並以非牟利方式為村民善信辟邪及慈善捐助，簽名作實，立據存證。
2009 年 5 月 16 日	在祖廟鳳山寺為諸神木雕金身作開光點眼儀式，並安放在祖廟大房接受香火。

（續上表）

日期	事件
2009 年 10 月 2 日	在祖廟鳳山寺香港鳳山寺諸神金身起駕動身，於己丑八月十五日中秋節正日抵達香港。
2009 年 10 月 4 日	抵達寺廟，並舉行隆重的安神入座儀式，踩街巡遊舞獅由塘亨路至小坑村，再經寶塘下村，環遊迴旋處再返回小坑村香港鳳山寺。是晚假座寺廟大廣場舉辦千人盆菜宴。
2010 年 9 月 22 日	舉行聖公聖媽威鎮香港一周年盛大慶祝活動：隆重法會和千人盆菜宴、歌舞表演、禮品抽獎等。
2010 年 9 月 24 日至 26 日	參加第一屆國際鳳山文化節。
2011 年 9 月 18 日	舉行「聖公千秋誕」，是晚有千人盆菜宴及聯歡晚會。
2012 年 1 月 18 日	舉行會議安排聖媽誕慶典事宜。
2012 年 2 月	由洪培慶、洪成濱、陳茂圳、陳偉洸共同策劃印刷有關香港鳳山寺刊物。
2012 年 6 月	出版《香港鳳山寺》小冊子，由顏庭階居士贊助二萬元港幣，印數五千冊。
2012 年 8 月 9 日	開會討論顧問人選，又具體落實 10 月 7 日聖公誕大型慶典人事安排。
2012 年 9 月 24 日至 26 日	參加第三屆國際鳳山文化節。
2012 年 10 月 7 日	千秋寶誕大典，並舉行香港鳳山寺揭牌儀式，由洪培慶陪同主廟鳳山寺主任黃仕群主持。是日特別邀請名廚羅江璨師傅主理閩南名菜，有詩山鹵麵、詩山粕丸、心仁湯等，筵開一百六十八席，近二千嘉賓參與，場面十分隆重。
2012 年 12 月 2 日	惠澤尊王千秋寶誕大典在香港鳳山寺大廣場隆重舉行。
2012 年 12 月 9 日	組團參加南安社壇雲龍寺（惠澤尊王）進殿大典。

（續上表）

日期	事件
2013 年 9 月 8 日	舉行會議，討論成立籌委會人選名單、工作事項、賬目制度，一千元以下單據必須有兩位主管簽名，並由主席作實。今後會議召集人為洪成濱。會上還決定建圍牆，及如何發動義工。
2013 年 9 月 12 日	台灣楠梓鳳山寺一行十人來上香。
2013 年 9 月 15 日	舉行會議落實各項工作。增加籌委，希望大家踴躍報名參與鳳山寺慈善工作，拜訪善長仁翁、社會賢達，加強社會活動能力、維持網站工作等等。
2013 年 9 月 22 日	舉行會議討論廣澤尊王千秋寶誕工作安排及發動善信捐款，籌集資金買地建廟，凡捐五千元港幣者當鐫石記史。
2013 年 10 月 15 日	舉行恭祝聖公千秋寶誕、閩南名菜千人盛宴。廣邀社會名人、良賢大德、新界屯門鄉議會人士、村民及信眾參加。
2014 年 1 月 1 日	慶祝元旦，籌委會開始工作，委員來自各階層，都屬自願義務性質，大家討論廣澤尊王屬三教合一，其意義非同一般教義。會上由聚賢會計師事務所陳生介紹更改章程，並着手準備註冊香港鳳山寺，加快成立董事局。
2014 年 1 月 20 日	舉行惠澤尊王千秋寶誕及踩街大巡遊。
2014 年 2 月 19 日	獲香港政府稅務局豁免商業登記及徵稅。
2014 年 3 月 1 日	會議暫定董事芳名、買地簽約限期，派財務報告，商議如何頒發聘書等事項。
2014 年 3 月 16 日	買地建寺動員大會。
2014 年 5 月 6 日	籌委工作會、通過財務報告、議定聖公誕慶典日子及安排事項、建設牌樓等。會上陳偉洸提議參與中國扶貧基金會新長城項目，洪培慶即表贊成並帶頭捐資，支持大學生。
2014 年 7 月 13 日	籌委工作會，爭取到建廟捐款。表揚義工、增邀鄉賢、社會人士。
2014 年 8 月 14 日	林樹哲、徐偉福、楊連嘉各捐出一百萬港幣買地建廟。致謝李建超多年來對香港鳳山寺的貢獻。

（續上表）

日期	事件
2014 年 8 月 17 日	全港保境安民大巡遊，有一千多信眾參加，聲勢浩大，香港鳳山寺開始引起香港市民、國內外團體注意，成為一張團結鄉親、凝聚能量的特殊名片。
2014 年 9 月 7 日	舉行會議，首先由洪思瑜介紹買地簽約事項，會上又討論慶典工作安排。
2014 年 9 月 14 日	舉行恭祝廣澤尊王千秋聖誕，有隆重法會。
2014 年 9 日 15 日至 17 日	參加第四屆國際鳳山文化節。
2015 年 1 月 25 日	舉行惠澤尊王千秋寶誕大典。
2015 年 4 月 12 日	籌委擴大會議討論成立董事局及慶典事項，擬定日子，拜訪良賢大德，會上為成立董事局籌備工作，聽取林樹哲、李建超等鄉賢意見。
2015 年 5 月 25 日	舉行會議，落實各項工作。增加中國扶貧基金新長城自強學生名額。
2015 年 5 月 30 日	組團參加新加坡鵬峰宮保生大帝寶誕慶典，並到新加坡鳳山寺上香。
2015 年 10 月 3 日	恭祝廣澤尊王千秋寶誕，品嘗新界特色盆菜宴。
2015 年 10 月 11 日	慈善書法家揭建章先生為寺廟題書：「維海灘頭千尺浪，屯門聖地一支香。」 另外，香港著名書法家方展睦為寺廟題書：「大孝成神」。
2015 年 11 月 8 日	舉行會議檢討以往工作及共矚遠景。建立通報機制，工程部陳炯林、葉謀樹介紹寺院規劃，秘書組陳偉洸介紹參與中國扶貧基金新長城自強學生的名單：北京理工大學八位、廈門大學九位，其中有維吾爾族、回族、藏族等少數民族學生。
2016 年 1 月 10 日	舉行惠澤尊王千秋寶誕慶典及踩街巡遊。（按：惠澤尊王，為另一閩南神祇，本名葉森。）
2016 年 3 月 15 日	新加坡兀蘭鳳山寺組團二十八位來寺廟參拜上香。

（續上表）

日期	事件
2016 年 5 月 4 日	會議安排聖公誕慶典工作及建拱門等事項。洪思瑜表揚義工工作，洪培慶也再次致謝眾義工，並寄言大家再接再厲，為傳承鳳山文化而努力，會上新增陳建昌為支援部成員。
2016 年 5 月 14 日	惠澤尊王乩童扶乩啟示：擇良辰吉日動土，吉日為新曆 2016 年 5 月 18 日，農曆丙申四月十二日巳時。
2016 年 6 月 2 月	破土奠基，是晚參與儀式有百多人士參與。
2016 年 7 月 22 日	泉州市、南安市領導蒞臨參觀指導。
2016 年 8 月 14 日	籌委會安排慶典工作及落實新長城自強學生捐款。
2016 年 9 月 17 日	舉行董事會會議，由秘書長林立東主持，討論香港鳳山寺規劃建設，初步擬定十多位董事會芳名：李再來、黃少玉、葉培輝、陳懿秋、呂斌、陳德明、葉少鳴、洪益良、黃端生、楊俊勇、蘇國明、林立東、洪培慶諸位大德。林立東先生為秘書長，與會人士一致通過。會上並認定凡捐五萬元港幣者為名譽董事。
2016 年 9 月 18 日	恭祝廣澤尊王千秋寶誕，千人盛宴。
2016 年 10 月 13 日	新加坡裕廊鳳山寺組團來本寺上香。
2016 年 10 月 23 日	董事局成立後，原籌委會改為建設委員會，簡稱建委會。會上宣佈戴祖煌大德捐九十萬，加上原有捐十萬合共一百萬，與會人士一致鼓掌表示致謝讚賞。大家又討論如何加強寺廟環保工作及完善管理。
2016 年 11 月 18 日 至 20 日	參加新界屯門十八鄉十年一次的太平清醮大典。
2016 年 11 月 27 日	組團參加菲律賓卡桂堂懇親大會，並受到國會議長洪棟樑親切接見並合照。
2016 年 12 月 21 日	新加坡淡賓尼鳳山寺組團共五十一位信眾到寺廟上香。
2016 年 12 月 27 日	菲律賓鳳山寺，國會顧問留典輝律師一行六人到寺廟參拜上香。

（續上表）

日期	事件
2017 年 1 月 17 日	中國扶貧基金會趙溪花到香港鳳山寺頒發錦旗： 發揚鳳山文化 傳播善愛精神 趙溪花並寺廟同仁分享扶貧善行之工作經驗，也肯定寺廟努力並得到正果。
2017 年 5 月 1 日	舉行會議，陳炯林報告寺廟裝修概況、圖案設計、工程報價（分一、二期進行），第一期必須在 9 月 30 日之前完成。報告獲一致通過。
2017 年 6 月至 8 月間	趁寺院大裝修有空間，在大殿舉行書畫展。有趙樸初大師、著名作家賈平凹、西泠印社官明、甘肅青年書畫家白毅志等名家大作。同場，亦有深圳十歲女孩洪靜怡多幅字畫，以及廈門名家蔡孝民、本邑（南安市）畫家陳文星、陳欣榮父女和羅鐵等作品。
2017 年 9 月 18 日	董事局會議。陳炯林報告第一期工程大致完成，討論十周年慶典及三殿完成進殿事項具體人事工作安排。擇日於農曆八月十五舉行，會上洪培慶、黃少玉、陶賜源議員先後致辭。
2017 年 9 月 24 日	會議落實各項工作及人事安排，確定 10 月 4 日進殿，添油五百元送一套德化青花瓷茶具。由林立東、李文輝兩位大德捐贈，價值五萬多元港幣。
2017 年 9 月 26 日至 28 日	洪家和、洪思瑜兩位代表參加第七屆「國際鳳山文化節」。
2017 年 10 月 4 日	舉行聖公聖媽進殿暨太歲殿諸神開眼儀式，數百社會名人及信眾持香參與。
2017 年 10 月 7 日	恭賀廣澤尊王千秋寶誕暨十周年慶典，並賀聖公殿、觀音殿、太歲殿啟慶大典。王庭聰大德即場捐出一百萬港幣，是晚有近二千嘉賓出席宴會，包括眾多鄉事會高層、社會賢達、知名人士、信眾及村民。

（續上表）

日期	事件
2018 年 1 月 20 日	舉行「惠澤尊王千秋寶誕慶典」。
2018 年 4 月 15 日	新加坡南安會館傅成嘉副會長一行四位到寺廟上香。
2018 年 4 月 23 日	台灣桃園無極慈雲宮一行九位善信到寺廟上香。
2018 年 5 月 30 日	董事會由林立東秘書長主持，議定董事局架構：捐款港幣一百萬以上為永遠名譽主席（三十六位）；捐款港幣二十以上為永遠董事（七十二位），以後捐贈者增加超過此人數再檢討。會上通過多項議程，肯定過去工作成績，研討今後工作，一致認為還需加強管理落實，更主要是承先啟後，薪火相傳，團結一致，共同維護，建好廟宇，將鳳山文化發揚光大。
2018 年 9 月 9 日	董事會建委擴大會，討論九月三十日廣澤尊王千秋寶誕慶典暨香港南安公會慶祝國慶六十九周年聯歡晚會。 會議由林日東主持。出席會議有董事會及建委會成員、香港南安公會葉培輝會長、陳懿秋理事長、洪朝南秘書長、柯少傑副秘書長、蔡艷芳副秘書長、洪貴川主任及十多位青委。 出席會議還有葉德平博士，介紹將出版由其主編的《香港鳳山寺廣澤尊王信仰研究》（暫名）概況。 會議確定邀請嘉賓、友好社團名錄及當日各項工作安排。 是晚筵開二十五席，宴請二百多位義工，感恩他們十年來支持與付出。 同日香港協成行、方樹福堂基金贈送寺廟《協成行七十周年慶典特刊・積善餘慶》及方潤華著作《餘慶集》、《靜思錄》、《隨緣篇》、《感恩篇》等。

第五章

鳳山瑣語

第一節　鳳山善行——香港鳳山寺的慈善工作

作為一間本地註冊慈善團體，香港鳳山寺推動善事不遺餘力。2010年，陳偉洸（香港鳳山寺宗教文化部部長）個人出資，通過中國扶貧基金會協助，讓廈門大學學生通過實地考察等方式，進行一項調查「閩台兩地的宗教與民俗文化」的研究工作，研究對象包括：媽祖、保生大帝、清水祖師、廣澤尊王等寺廟。由於篇幅所限，本章僅輯錄其中有關「廣澤尊王」相關的部分。

廈門大學調研報告：《鳳凰學子・走進閩台》（節錄）

調研成員：

柯彩梅（組長；漢語言文學）、甯戰房（副組長；財務管理）、單騰蛟（自動化）、謝元平（土木工程）、孫颯颯（金融學）、莫芳芳（保險學）、樊江華（軟體工程）、楊小娟（外文學院德語專業）、陳國（藝術學院）、曹松軍（海洋物理）、連蓮香（生物技術）、張慧豔（管理學院）

調研報告（節錄）：

調研方法

本次實踐課題以觀摩選點城市的主要寺廟為核心，以莆田、泉州、廈門，以及台灣金門、台北、台南、高雄為研究物件進行實證分析，通過上網、搜尋圖書、與廟宇管理人座談、與信眾交流等方式進行幾地評析探

索，對不同信仰的深入調查，找出閩台地區民間信仰的異同。

　　本次調研活動分為兩部分：閩南行和台灣行。

　　閩南方面，我們選取最有代表性的四座廟，莆田湄洲媽祖廟、南安詩山鳳山寺、安溪清水岩、廈門海滄清礁慈濟宮。我們於 2010 年 7 月 3 日至 7 月 5 日間走訪了這四座祖廟，成功與各廟管理委員會深入訪談，並獲贈大量相關材料。同時分組對信眾進行了採訪。閩南行對閩南的民間信仰有了更為全面的認知，並且從閩南寺廟獲得的台灣民間信仰資訊無疑為我們的台灣之行很好地做了鋪墊。

廈門大學調研小組出發前在詩山鳳山寺合影。

　　台灣方面，我們選取典型的金門、台北、台南三地，於 2010 年 9 月 3 日至 9 月 6 日間走訪了將近十座廟。通過與寺廟管理人、與信眾及台灣民眾的交流，我們多方面了解了台灣這四大信仰的過去與現在。

調研成果

　　民間信仰是在一定時期、一定區域內在民間流行的，多數社會下層民眾對某些精神觀念、某種有形物體信奉敬仰的心理狀態和行為過程，包括民間普遍的俗信以至一般的迷信，是民眾中土生土長自發狀態的一種樸素從善的精神崇拜現象。它與宗教崇拜、封建官府祀典、風俗習慣往往交流混合，範圍比宗教信仰範圍更為廣泛，有的已經滲透在風俗習慣中，如媽祖信俗、迎春繞境等。

　　從古至今，閩地民間信仰就特別發達。林立的宮廟、成百上千的神靈、頻繁的宗教活動、眾多的信徒構成閩地民間信仰的基本內容。清末學者楊浚在《四神志略》中列出的媽祖、廣澤尊王、清水祖師、保生大帝四位福建主要神祇，即是閩南民間信仰神明的主要代表。隨着閩南人的往外移居遷徙，這些民間信仰也隨之往外傳播，尤其是往台灣。閩南的民間信仰傳播到台灣的主要表現形式是福民間信仰通過分靈、分香、漂流等途經傳播台灣後，台灣分靈廟則定期到福建祖廟進香謁祖。改革開放以來，閩台民間信仰的交流有了新的發展，除了成千上萬的台灣信眾前來福建祖廟進香謁祖外，福建祖廟的主神也應邀頻繁赴台灣巡遊，接受信徒的頂禮膜拜。兩岸的民間信仰往來可說十分密切。由於兩岸分隔，閩南與台灣的民間信仰雖有着割不斷的歷史淵源，但其內容和形式多多少少已有差異，本次調研目的即為探尋兩地民間信仰同異而來。

忠孝童子——廣澤尊王

明清時期，廣澤尊王信仰隨南安移民傳到閩東、閩西和台灣省及東南亞地區，至今這些地區仍有廣澤尊王廟，台灣省最多。福建泉州南安籍人移民台灣時，都以廣澤尊王為守護神。除了在家中供奉尊王神像外，目前台灣規模較大的廣澤尊王廟，計超過了三十所，以台南市的西羅殿、永華宮較著名，在北部桃園市的鎮撫宮頗具規模。廣澤尊王廟，大都稱鳳山寺，這是承襲福建泉州南安人供奉廣澤尊王的鳳山古寺之名而來。2009 年 7 月廣澤尊王還舉行了聲勢浩大的巡台活動，據悉，這是四百多年來廣澤尊王第一次到台灣巡景，所到之處引起巨大轟動。此次廣澤尊王訪台，對於維護和延續兩岸相連的血脈，增進民族認同感，弘揚慈愛和同的精神，共建和諧社會，都將發揮積極的影響。

下林玉聖宮是廣澤尊王流傳到台灣的第一站，可謂是台灣廣澤尊王的開基祖廟。下林玉聖宮主祀保安廣澤尊王，緣自郭雨水先生為求平安橫渡黑水溝，由福建詩山鳳山寺恭請保安廣澤尊王金身（俗稱郭聖王）前來台灣打拼，所幸聖王公有靈，平安抵達府城，先人為求生活在五條港碼頭以苦力謀生，並將聖王公奉祀於南勢港岸的郭家宗祠。其間聖王宮大顯神威救了無數信眾，香火日漸鼎盛。後因信眾愈來愈多，為擴大規模，廟址屢遷，後地址與下林玉聖宮。較之於詩山鳳山寺，下林玉聖宮的規模要小得多，只有一間寺廟，但因為經過了整修，裝潢相當精緻。祭典活動定在每年的：農曆八月廿二日。台灣地區日前正在推廣「無煙寺廟」活動，由於廣澤尊王生前是一位事親至孝的牧童，「無煙寺廟」的活動主題「孝行永昭」是以宣揚聖王公的孝順為主，不抽煙能讓身體更加健康，更能身體力行的表達出聖王公孝順的美德。目前，下林玉聖宮致力於創建全國獨一無二的無煙寺廟，讓來燒香禮佛的信徒能更有一個乾淨的空間。

　　相比媽祖而言，廣澤尊王的信徒主要是福建南安詩山的移民，規模要小得多。但兩岸交流頻繁不下於媽祖。1984 年信徒由大陸福建省泉州市安溪縣清溪威鎮廟供請大太保回台灣，下林玉聖宮使聖王公香火再度鼎盛，於民國九十三年（甲申年）重新啟建玉聖宮，同年舉行入廟慶成祈安安座大典，翌年隨即前往大陸詩山鳳山寺，清溪（現為安溪縣金谷鎮）太王陵封塋祭祖。2004 年下林玉聖宮舉行謝恩祈安五朝建醮大典，台灣廟宇管理人於八月前往清溪（現為安溪縣）太王陵恭請太王、太妃王令回玉聖宮鑒醮。而南安詩山鳳山寺管理人表示，為促進兩岸信仰交流，將於 2010 年 9 月間，在南安詩山鳳山寺舉行中華廣澤尊王世界聯誼大會，並成立中華廣澤尊王文化交流協會，希望台灣奉祀廣澤尊王的廟宇參加。台灣廟宇管理人表示，廣澤尊王在台灣信眾不少，希望藉此擴大兩岸文化事務合作，以及民間文化交流。

　　因為行程安排，廣澤尊王信仰只選擇了兩座廟宇進行走訪。以下對閩台這兩座廟稍作比較。在管理模式上，詩山鳳山寺現在已隸屬於南安市政府管轄，日常的經營管理完全由政府來指派人員負責。下林玉聖宮則設立管理委員會，委員由信徒自行擔任或選舉產生。寺廟的日常開支全憑信徒的香油錢位置，若香油錢不夠，由管理委員會人員自掏腰包，在舉行一些重大活動時，由寺廟張貼公告，募集活動經費，不足的部分由委員會成員承擔。在日常運營上，詩山鳳山寺已經被南安市政府作為一個旅遊景點進行打造，所以對於前來拜訪的一些信徒或遊客會微收相應的門票。下林玉聖宮作為一個完全自由開放的祭祀地，對所有人都是免費開放的，全憑信徒意願捐獻香油錢。在相關活動方面，詩山鳳山寺積極支援家鄉社會事業，關注民生，樂善好施，捐助公益，每年組織便民利民義診、頒發助學金等，備受社會各界好評。由於下林玉聖宮由於規模較小，資金有限，尚無進行該項活動。

作為閩南宗教的一種，廣澤尊王信仰在其中有著不可或缺的地位，不管是在閩南地區還是在台灣都有一定的影響力，對於兩岸交流無疑能發揮規模作用。

結語

我們認為閩台民間信仰有以下特點：

第一，台灣民間信仰與大陸民間信仰一脈相承。台灣的很多民間信仰源於大陸，尤其是閩南地區（如泉州、莆田等），例如，媽祖祖廟在莆田湄州島；廣澤尊王的祖廟是泉州南安詩山鳳山寺；清水祖師來源於泉州安溪；而海滄青礁慈濟宮則是保生大帝的發源地。

第二，相對於大陸而言，台灣民眾對各個神明的信仰態度虔誠得多。我們從台灣當地人民那裏了解到，有些台灣信眾對神明的信奉程度讓人難以置信。打個比方說，假如只剩十塊錢吃飯，他們也願意捐獻九塊錢給寺廟。除了祭拜儀式外，台灣信眾的虔誠態度還表現在「進香」、「繞境」活動上。每年都有成千上萬的台胞前往大陸祖廟進香謁祖，同時大陸的主神也應邀赴台灣巡遊，這些主神總是受到台灣信眾的熱烈歡迎，場面十分壯觀。

第三，建築風格上，閩南的廟宇建築規模大而較少考究，而台灣廟宇規模雖小而華麗異常。這或許與兩地經濟水準有些關係。台灣寺廟的華麗考究必須以較好的經濟基礎為前提，只有人民的生活水準提高了，他們才有可能自行修建如此之多而華麗的寺廟，同時在不以營利為目的的前提下保證寺廟的正常運行。

第四，祭祀儀式與活動上，台灣保存得比大陸完整。小至平常的祭拜，大至祭祀盛典，台灣都有整套完整的規矩。

第五，管理上，閩南的管理委員會多與政府關聯，而台灣大多民間自行組織。

目前，兩岸民間信仰主要的交流方式有：一，台灣信眾組織進香團前往祖廟進香謁祖，或奉請「分身」，這是最常見最普遍的交流方式。二，祖廟神明金身赴台繞境巡遊。此類活動往往規模盛大，影響廣泛，甚至引起多方媒體關注。但巡台繞境活動往往耗費大量人力物力財力，因此並不頻繁舉行，往往幾年一次。如清水祖師此次巡台距 98 年巡台將近十二年。三，文化交流，保生慈濟文化節、鳳山文化節、媽祖文化旅遊節、兩岸文化節等，民俗文物、詩歌楹聯等這些文化節的開展對於促進兩岸文化交流、增進兩岸了解很有幫助。四，祖廟的誕辰慶典及其他大型祭典活動也會吸引台灣信眾前來參與。五，通過書籍、傳媒等文化創意進行交流。如數字動畫《海之傳說——媽祖》由北京中影集團聯合影視有限公司與台灣中華卡通製作有限公司聯合攝製出品發行。而媽祖、廣澤尊王都已有專門發行的郵票。攝影展、聯誼會、文物展覽等多種多樣活動的展開也有利於兩岸人民交流。

註：上述調研報告內容未經本書作者葉德平博士考證，僅為記錄，以供諸君參考。

第二節　鳳山文化——植根香港的福建南音

康熙年間（大約三百多年前），傳說在閩籍翰林學士李光地的安排下，五位南音樂師從泉州來到紫禁城御前獻技。由於其音宛若陽春白雪，康熙皇帝一聽難忘，嘉許其為「御前清客、五少芳賢」。從此以前，福建南音就被譽為「御前清曲」，而藝人在演唱時，也會豎置明黃羅傘以紀念這段歷史。時至今日，隨着時代發展，福建南音更成為了寺廟祭祀重要的環節。

福建南音演出時，旁邊必會放置寫有「御前清客」的羅傘。

除了羅傘外，南音的演出舞台也會掛上宮燈一對。

千古郎君祭

　　福建南音，又稱為南管、南曲、南樂、弦管、郎君樂等。前者，是因其地理位置而名之；郎君樂，則因為南音樂者皆祀祭奉孟府郎君為樂神而得之。孟府郎君，即五代蜀主孟昶。歐陽直卿《溫臾詞話》記曰：「（孟昶）美豐儀，喜獵，善彈（按：彈弓），好屬文，尤工聲曲」，因花蕊夫人之故，被宋太祖追封其為「郎君大仙」，「特賜春秋二祭」。自此，「郎君大仙」就成為南音弦友，奉祀為弦管之祖。至今，每歲春秋二季的「郎君祭」，奉者仍以弦管唱和伴以儀式祭祀。

樂師坐在太師椅上，腳踏着金色獅子演奏。

簡而美的樂器：上四管與下四管

福建南音主要以「十音」演奏，包括：琵琶、二弦、三弦、洞簫（合稱上四管）、響盞、雙鐘、四塊、叫鑼（合稱下四管）、拍板、玉噯等十種樂器。其中又細分為「上四管」與「下四管」之說。「上四管」是指琵琶、洞簫、二弦、三弦四種，而這裏的琵琶又稱為「南琶」，是唐代的遺制，演出時須橫抱按奏。「下四管」則是指響盞、小叫、四寶、雙鈴四種小型敲擊樂器，聲音輕盈，清徹動人。

演出時，舞台上會放置明黃羅傘一把，上書「御前清客」，台前亦又會掛上兩盞殷紅宮燈，繡有龍鳳紋飾。而「上四管」會分處四角，「下四管」則或站或座於中央。當樂曲悠悠奏起時，彷彿把觀眾帶回三百年前。

南音的「上四管」的琵琶（左上）、二弦（右上）、洞簫（左下）以及南音用的拍板（右下）

「十音」合奏。中間負責玉噯（小嗩吶，又叫做「噯仔」、「南噯」）吹奏者為陳國雄。

南音植根香港六十年

福建南音在上世紀植根香港，至今已整整六十年了。

「南音組於 1957 年成立，以弘揚南音藝術為己任，在這六十年來不斷推動本地南音藝術的發展」，已故福建體育會南音組副監事長陳國雄在訪問當日，帶着一口濃濃的閩南腔說道。「每個星期日下午，我們這一群志同道合的朋友，都在會所練習。」陳國雄除了堅持每周操練外，還帶領南音組參與不少交流活動，例如本地的南音演唱會，以及在泉州舉行的第十屆國際南音大會唱等。

「天行健，君子以自強不息。」──《乾卦‧象》[1]

　　寒來暑往，時間隨着地球流轉不歇。世道轉移，我們可以靜默以待，也可以自強不息。跟大部分非物質文化遺產一樣，福建南音[2]也面臨着傳承的問題。

　　那天陳國雄曾語重心長地告訴我：「年青的一代連閩南話都不會說，別說要他們學習南音。」誠然，作為一個生於福建、長於香港的第二代福建人，我的閩南話其實並不流利。而我更能夠想像，不久的將來，在缺乏年青一代參與的情況下，南音或會日漸式微。面對這個局面，陳先生選擇了自強不息，堅持每周練習，珍惜每一次演出機會，務求為社會大眾提供一個認識的機會。[3]

備註：香港福建體育會南音組陳國雄先生於 2018 年 11 月 10 日逝世，謹此表示深
　　　切悼念。

1　「天行健，君子以自強不息。」《乾》卦為《易經》之始，在「十二消息卦」中。代表四月
　　初夏、陽氣極盛、萬物繁生季候之卦，亦有當今大多數人面對世界宜抱「理性共存，多元
　　並進」發展企望的解釋

2　2009 年 9 月 30 日，「福建南音」獲聯合國教科文組織錄進《人類非物質文化遺產代表作
　　名錄》；2014 年 6 月，更成為了香港首份非物質文化遺產清單的第 2.15 項，內容是「福
　　建群體在紅、白二事的場合都有福建南音的歌唱演出。」

3　本文原題為〈古韻清音此中傳—植根香港的福建南音〉，載於筆者 2017 年 6 月 01 日《香
　　港商報》N6 版「情尋‧非遺」專欄。

古韻清音此中傳——植根香港的福建南音

新·專欄　N6

責任編輯：德啟

情尋·非遺

古韻清音此中傳

植根香港的福建南音

三百多年前，康熙年間，傳說在閩籍翰林學士李光地的安排下，五位南音樂師從泉州來到紫禁城，御前獻技，由於其音宛若陽春白雪，康熙皇帝一聽難忘，嘉許其為「御前清客，五少芳賢」。從此，福建南音就被譽為「御前清曲」，而藝人在演唱時，也會懸明黃羅傘以紀念這段歷史

▲「十音」合奏。中間員賣玉嘹（小嗩吶），又叫噯仔、「南噯」。吹奏者為陳國康先生。葉德平提供圖片

葉國坐在太師椅上，彈奏著金色柳仔（見圖）琵琶。

除了羅傘外，南音的演出舞台也會掛上宮燈一對。

千古郎君祭

福建南音，又稱為南管、南音、南樂、弦管，郎君樂等。名者，因其地理位置置面名之；後者，則因為南音樂者皆祀樂祖郎君為樂神而得之。孟府郎君，即五代蜀主孟昶也。歐陽直卿〔漢京詞話〕記曰：「〔孟昶〕美豐儀，喜獵，善彈〔按　琴弓〕，好屬文，尤工聲曲」，因花蕊夫人之故，被宋人祖追封其為「郎君大仙」之母，至此，「郎君大仙」就成為了南音祖師及奉祀為弦管之祖。每逢春秋二季的「郎君祭」，奉者仍以弦管唱和祥以儀式祭祀。

簡面美的樂器：上四管與下四管

福建南音主要以「十音」演奏，包括：琵琶、二弦、三弦、洞簫、響盞、雙鐘、四塊、叫鑼、拍板、玉噯等十種樂器，其中又有「上四管」與「下四管」之說。「上四管」是指琵琶、洞簫、二弦、三弦四種，而這裏的琵琶又稱為「南琶」，是康代的遺制。「下四管」是指響盞、叫鑼、四寶、雙鐘的種小型敲擊樂器，聲音輕盈、清脆動人。

演出時，舞台上會放置明黃羅傘一把，上書「御前清客」，台前又會掛上兩盞眀紅宮燈，續有龍鳳紋。而「上四管」會分處四角，「下四管」則或站或坐於中央。當樂曲悠悠奏起時，訪佛把觀眾帶回三百年前。

南音植根香港六十年

福建南音在上世紀植根香港，至今已整整六十年了。「南音」創於1957年成立，以弘揚南音藝術為己任，在這六十年來不斷推動本地南音藝術的發展了，福建體育會南音組則幹事有陳國雄先生是第一口濃濃的閩南腔道述。

「每逢星期日下午，我們這一群志同道合的朋友，都會齊齊練習」陳先生驗了型持有同樣樂趣、遂帶領了南音組參與不少交流活動，例如本地的南音演唱會，以及歷年舉行的第十屆國際南音大會唱等。

「天行健，君子以自強不息。」——〔乾卦·象〕

寒來者往，時間隨着地球流轉不息。世遺轉移，我們可以靜默以待，也可以自強不息。蹞大部分非物質文化遺產一樣，福建南音也面臨傳承的問題。

訪問當日，陳國雄先生語重心長地告訴我「年輕的一代演南話話不會說」，別說要他們學習南音」。誠然，作為一個在於福建、長於香港的第二代福建人，我的南音話其實並不流利。而從孝可以想像，不久的將來，在第一代不會閩語的情況下，南音將會日漸式微。面對這個局面，陳先生選擇了自強不息，堅持每周練習，珍惜每一次演出機會，務求為社會大眾提供一個認識的機會。

註　2009年9月30日，「福建南音」獲聯合國教科文組編錄進「人類非物質文化遺產代表作名錄」，2014年6月，更成為了《香港首份非物質文化遺產清單》中第2.15項「福建戲曲禮在紅、白二事的場合都有福建南音的歌唱演出。」

南音用的拍板。

郎君祭用的「上四管」：琵琶及上欄〔二弦中間〕、洞簫〔下欄〕。

2017年6月1日 星期四　http://www.hkcd.com　Hong Kong Commercial Daily　香港商報

作者簡介

葉德平博士，香港中文大學畢業兼哲學博士（主修文化、歷史）研究範疇為香港歷史及民俗。現為香港歷史文化研究會副主席、香港大學中文學院導師。著有《戰前香港粵語電影與民間文化》、《戰後香港粵劇文化史》等。

第三節　鳳山神祇
——廣德忠應威武英烈惠澤尊王

香港鳳山寺主祀廣澤尊王，並奉祀惠澤尊王，兩者均為閩南人重要的信仰。

惠澤尊王，姓葉，諱名森，為凌雲葉氏始祖三翁公的第十一世孫。其聖號全稱為「廣德忠應威武英烈惠澤尊王」，另有「祖伯公」、「祖王」、「葉尊王」、「葉聖王」之稱。據民國《南安縣志》載，祖伯公生於南宋孝宗淳熙十六年（1189 年）十二月初十日，出生地為今日福建省南安市眉山鄉高田村。祖伯公「少而豪傑」，獨居於凌雲堂，「不茹葷、不受室、不與庸俗人偶」，談論「吉凶禍福」之事，往往多中。南宋寧嘉定元年（1208 年），祖伯公時年二十。在一個早上，他沐浴更衣，端坐羽化。祖伯公登仙後，「鄉人德之」於「今慈濟宮」（即今日之「雲山宮」[4]）「立廟以祀」。由於祖伯公「屢著靈異」，而且「凡有祈禱，如谷受響」（即祖伯公對來求善者，必有回應），故獲南宋朝廷於嘉定末年（1208－1224 年）敕封為「威武惠澤尊王」。[5]

惠澤尊王成仙登神後，屢次顯聖，功勳卓著，獲宋至清歷朝皇帝五次敕封。據《南安掌故》記載：

4　「雲山宮」位於福建省南安市眉山鄉之朝天山。朝天山，是南安「五大山頭」之一，又名凌雲山。雲山宮坐落於朝天山的煙墩峰下東北山麓，前身叫慈濟宮，原址建於宋代，於今日雲山寺前下方。

5　《南安縣志》卷三十八九〈人物志〉十四五〈宋仙釋・葉森〉。詳見上海書店出版社編：《中國地方志集成・福建府縣志輯・民國南安縣志》（上海：上海書店出版社，2000 年），頁358。

——————　民國《南安縣志》書影

1. 南宋寧宗嘉定十七年（1224 年），敕封「廣德侯」

當年，金兵屢次侵犯宋朝疆土，危及宋國社稷，祖伯公多次顯聖大敗敵軍。事後，南宋朝廷查明情況，即派遣官員往南安慈濟宮敕封主神祖伯公為「廣德侯」，追封其父廷顯為太王，元君母大仙陳氏為太妃。

2. 南宋理宗寶慶二年（1226 年），敕封「忠應」、「威武」

時年二月，西夏國獻宗帝李德旺興兵侵犯宋國疆土，設下伏兵，埋下火藥。突然，天降暴雨，浸濕火藥，宋軍化險為夷。是時，宋軍兵士指在雷電交加之時，發現「葉森」旗號閃現戰場，遂知乃祖伯公顯聖作法，大破夏兵。故此，宋帝敕令加封「忠應」、「威武」四字。

3. 南宋理宗開慶元年（1259 年），敕封「英烈」兩字

時年，太后患病，宮內太醫束手無策，太后病危，命在旦夕。宋理宗帝出榜，徵召杏林高手無效。一日，祖伯公化身成白衣道人，入宮為太后診治，太后日漸痊癒。宋帝詢問道人乃何處人氏，瞬間，道人突然顯化無影，惟見藥方上署有「葉森」二字。宋帝於是敕旨加封「英烈」兩字。

4. 南宋端宗景炎元年（1276），敕封「忠應 威武 英烈 惠澤尊王」

時年十月，皇宮帝殿失火，宮殿即將焚成廢墟。此時，天空忽然出現陰兵神將，並有大雨傾盆而降，火焰因此熄滅。據載，神兵之中有「葉森」旗號，宋帝知是祖伯公顯聖救火，於是遣使至南安高田山慈濟宮，敕封「忠應 威武 英烈 惠澤尊王」。

5. 清同治九年（1870 年），加封「代天巡狩」

清咸豐、同治年間（1851－1874 年），惠澤尊王多次顯聖，「平逆亂、攝群賊、沛甘雨、袪瘟疫，有功於朝」，於是在同治九年（1870 年），同治皇帝加封「代天巡狩」尊號。

至此，神葉森封號累計有廣德、忠應、威武、英烈、惠澤十字，職務榮膺「代天巡狩」，祭祀由民間紀念逐漸升為朝廷派大臣致祭，地位從一介庶民扶搖直上，晉升為侯、為尊王秩位的高級神祇。[6]

經歷五次敕封，惠澤尊王信仰更為廣傳，並隨着閩南鄉親移居海外，越洋過海，到達東南亞，成為當地閩人重要的鄉土神明。

---

[6]　李輝良：《南安掌故》（北京：作家出版社，2003 年），頁 243－244。

5.3.1　戴鳳儀《郭山廟志》所附〈惠澤尊王傳〉

　　民間傳說謂廣澤尊王與惠澤尊王為「兄弟神」，常常顯聖，合力保佑鄉親善信。而晚清戴鳳儀所修之《郭山廟志》亦收錄了〈惠澤尊王傳〉，可見二者關係之親密。據戴氏所記，當日《郭山廟志》完稿時，其友人「捧〈惠澤尊王傳〉求附卷末」，而讀畢後，戴氏方發現此稿乃其「祖叔贊燉公撰也」，可謂十分有緣。戴氏認為「葉尊王與郭尊王同孕祥於詩村，同著靈於閩嶠，此足我南山川奇秀，匪惟文物淵藪，亦正神奧區」，二者既「報國同時」，又「榮封同爵」，所以把〈惠澤尊王傳〉附於《郭山廟志》卷末。

　　為便於詳知其事，今重新標點、校勘如下：

　　明進士江西四川布政使司布政使　戴廷詔　贊燉里人

　　葉聖王者，南安高田人也。諱森，謚廣德侯，有宋教諭葉三翁十一世孫。父廷顯元君，母大仙陳氏。弟三復，昆仲二人，王居其長。初，太王樂善好施，積德甚厚。嘗夜夢三桂交柯，飛星入室。晨興，異香撲鼻，紫氣迎眸，心竊奇之，乃未幾而太妃娠矣。於宋淳熙十六年（按：1189年）己酉十二月初十日誕王，名之曰森，其以此歟！王生而穎異，少而豪傑，獨居凌雲堂，不茹葷，不受室，亦不與庸俗人偶，吉凶禍福，所言多奇中。嘉定元年戊辰（按：1208年），王年二十歲，一日，沐浴更衣，端坐而逝，鄉人德之，立廟上宮。今慈濟宮，其故址也。後屢著靈異，凡有祈[7]禱，如谷受響。嘉定末，有功於朝，寧宗遣官賫敕封之，授其秩曰：「威武惠澤尊王」並賜祀典。夫立功大者，爵必高；錫爵高者，澤必長。受封

7　〔清〕戴鳳儀纂；戴紹箕參校；黃炳火、黃子文、黃江海、梁海濱、黃禎祝點校：《郭山廟志》（北京：中國文聯出版社，1999年），頁203原缺此一字，並標以□。今據哈佛燕京圖書館光緒丁酉秋刊本校勘，補回「祈」字。

網上轉載之哈佛燕京圖書館光緒丁酉秋刊本書影

以來，神光愈熾，水火盜賊，王則捍之；災殃疾疫，王則御之。歷今數百餘年，其所以護國神民者，功難殫述。宜乎！德音懋著，英聲爛然。祝朝曛者，歌載道；薦犧牲者，人如云也。於戲，懿哉！神傑亦由地靈哉！高田之山，半插雲日，嶄巖乎南之北、安之東，而葉聖王產焉；文章為泉名岫，峭拔乎南之北、永之南，而郭聖王生焉。二山雖離三[8]十里許，其脈同

8　〔清〕戴鳳儀纂；戴紹箕參校；黃炳火、黃子文、黃江海、梁海濱、黃禎祝點校：《郭山廟志》（北京：中國文聯出版社，1999年），頁204原缺此一字，並標以口。今據哈佛燕京圖書館光緒丁酉秋刊本校勘，補回「三」字。

發天柱，雄鎮對峙，正氣特鍾。二王一以慈[9]聞，一以孝著，報國同時，榮封同爵，其神光普照如同一轍，亦可知山嶽之鍾毓者大也。則後此億萬斯年而王之聲靈赫濯，亦將與日月經天、江河緯地，同垂永久而勿替也夫。

　　強梧作噩之冬，刊志既竣，友人捧〈惠澤尊王傳〉求附卷末，儀受而讀之，乃祖叔贊嫩公撰也。鄙意初懼其雜，既而思之：葉尊王與郭尊王同孕祥於詩村，同著靈於閩嶠，此足我南山川奇秀，匪惟文物淵藪，亦正神奧區[10]也。雖有功受封，傳中未詳厥事，然鄉先輩謂王與郭尊[11]王救宋宮火，宋天子曾遣官封之，則傳所謂報國同時、榮封同爵者，良非無據。今而連類志之，亦得史家「類者附之」之例也。爰殿諸志末，以表王靈云。鳳儀謹識。[12]

5.3.2　香港惠澤尊王信仰活動

　　2014 年 6 月，香港特區政府公佈了香港首份非物質文化遺產清單，內收錄了 480 項非遺項目；其中編號 3.13 是「廣澤尊王誕」（每年農曆二月二十二日是「廣澤尊王誕」，北角開元禪院、屯門香港鳳山寺都會舉辦各項神誕活動）。廣澤尊王是福建人信奉的神靈，他的祖庭 —— 鳳山寺，

9　〔清〕戴鳳儀纂；戴紹箕參校；黃炳火、黃子文、黃江海、梁海濱、黃禎祝點校：《郭山廟志》（北京：中國文聯出版社，1999 年），頁 204 原缺此二字，並標以□。今據哈佛燕京圖書館光緒丁酉秋刊本校勘，補回「以慈」二字。

10　〔清〕戴鳳儀纂；戴紹箕參校；黃炳火、黃子文、黃江海、梁海濱、黃禎祝點校：《郭山廟志》（北京：中國文聯出版社，1999 年），頁 204 原缺此二字，並標以□。今據哈佛燕京圖書館光緒丁酉秋刊本校勘，補回「奧區」二字。

11　〔清〕戴鳳儀纂；戴紹箕參校；黃炳火、黃子文、黃江海、梁海濱、黃禎祝點校：《郭山廟志》（北京：中國文聯出版社，1999 年），頁 204 原缺此三字，並標以□。今據哈佛燕京圖書館光緒丁酉秋刊本校勘，補回「與郭尊」三字。

12　原文載於戴鳳儀《郭山廟志》卷八後〈附錄〉

建於五代後晉天福初年（936－947 年），今日還矗立在福建泉州南安詩山鎮；而香港鳳山寺則由居港福建鄉賢籌建，於 2009 年 1 月 15 日開廟。

　　香港鳳山寺坐落屯門小坑村，供奉着福建神明廣澤尊王。每年農曆十二月初十，此處都有一項特別的神誕活動，而這項活動的慶祝對象正是另一尊神明 —— 惠澤尊王。每年，居港福建凌雲葉氏族人都會在這一天，假香港鳳山寺慶祝惠澤尊王寶誕，並有大型的神誕活動，十分熱鬧。（按：廣澤尊王與惠澤尊王是福建凌雲葉氏信奉的神明。廣澤尊王俗姓郭，惠澤尊王俗姓葉。）

惠澤尊王簡介

　　農曆十二月初十是惠澤尊王的寶誕。惠澤尊王，俗名葉森，是福建南安凌雲葉氏始祖三翁公第十一世孫。因為他是凌雲葉氏之先祖，故後人都稱他為「祖伯公」（因筆者為凌雲葉氏之後，故以下都稱惠澤尊王為「祖伯公」）。祖伯公於南宋嘉定元年（1208 年）羽化登神；從南宋嘉定十七年至清代同治九年，惠澤尊王五次受朝廷敕封，封號累計有廣德、忠應、威武、英烈、惠澤十字，司「代天巡狩」之職（同治帝的加封稱號），地位由庶民晉升至王侯，而祭祀則由鄉賢升格為朝廷派遣大臣參與。

惠澤尊王神誕活動

　　居港凌雲葉氏除了信奉惠澤尊王外，更篤信廣澤尊王。故此，在香港鳳山寺籌建之時，出錢出力，與一眾善信籌錢於屯門小坑村買地建廟；而香港鳳山寺自然成為他們的一個重要祭祀場所。自寺廟建成後，每年惠澤尊王寶誕，凌雲葉氏都會聯同寺廟，一起舉辦神誕活動，祈求族人平安、四境清晏。神誕活動，從早到午，可以分為三個部分：祭祀、遶境、

聚餐。

　　祭祀雖然在神誕當天，但葉氏後人大多會提前把自己家裏供奉的神像捧到寺裏神壇供奉；而在神誕那天的清早，他們都不約而同地來到寺廟幫忙。在福建道士帶領下，接近二百名葉氏族人向廣澤尊王及祖伯公等神靈一一參拜。道士吟誦的經文，都是以閩南語誦出，故當天現場只聞閩南語，不見廣東話，活像在福建一般。

葉氏虔誠地參拜祖伯公（惠澤尊王）。

葉氏族人把祖伯公請到神輿之內。

葉氏虔誠地參拜祖伯公

祭祀過後，最特別的活動 —— 遊神，終於要開始了。葉氏族人穿上黃色的外套，把祖伯公安放到神輿之內，然後由四個人，兩前兩後的抬着；而其他人則打着鑼鼓、擔着旗幡，浩浩蕩蕩地從寺門出發。在道士的引領下，神輿會圍繞小坑村走一圈，並會特意到村公所走一走，期望能為族人帶來平安，同時也庇佑村民。走了一圈以後，遊神隊伍就會返回寺廟，在神壇之前繼續活動。

然後，神輿會交予年輕族人抬着，因為接下來的動作將會極花體力。這時候，年輕人會抬着神輿，圍繞神壇走三圈；隨着逐漸激動的鑼鼓聲，他們在神壇前猛烈地搖晃神輿。鑼鼓聲與歡笑聲夾雜着，人人都十分興奮，成為整次神誕活動的高潮。

「遶境」儀式結束後，神誕活動也進入尾聲。葉氏族人會接着一同享用午餐。這些美食都是葉氏族人一大清早開始預備，而且都是福建的傳統食物，譬如蚵仔乾油飯、甜湯丸及寓意長壽吉祥的麵線紅雞蛋等。其實，食物並不算名貴，但卻製造了一個契機，讓鄉親聚首一堂。這也是每年一度神誕活動的重要意義。

慎終追遠，民德歸厚。惠澤尊王的祖廟雖然遠在家鄉，但是無阻葉氏對祖宗的思念、對神明的崇拜；而香港鳳山寺，也不經不覺成為了葉氏族人心中的「祖廟」。[13]

13　本文原題為〈惠澤尊王神誕活動〉，載於筆者 2016 年 7 月 21 日《香港商報》N5 版「情尋・非遺」專欄。

巡遊隊伍從寺廟出發，繞着小坑村走一圈。

鄉親一大清早開始烹煮食物。

N5 新・專欄　　責任編輯：啓能　　　香港商報 Hong Kong Commercial Daily　　2016年7月21日 星期四　http://www.hkcd.com

葉氏虔誠地參拜祖伯公（惠澤尊王）。

傳統風俗

2014年6月，香港特區政府公布的《香港首份非物質文化遺産清單》，收錄了480項非遺項目；其中編號3.13是「廣澤尊王誕」（每年農曆二月二十二日是「廣澤尊王誕」，北角關元禪院、屯門香港鳳山寺都會舉辦各項神誕活動）。廣澤尊王是福建人信奉的神靈，他的祖庭——鳳山寺，建於五代後晉天福初年（公元936～947年），今日還矗立在福建泉州南安詩山鎮；而香港鳳山寺則由居港福建鄉賢籌建，於2009年1月15日開廟。

巡遊隊伍從寺廟出發，繞着小坑村走一圈。　　葉德平提供圖片

香港鳳山寺坐落屯門小坑村，供奉着福建神明廣澤尊王。每年農曆十二月初十，此處都有一項特別的神誕活動，而這項活動的慶祝對象正是另一尊神明——惠澤尊王。每年，居港福建凌雲葉氏族人都會在這一天，假香港鳳山寺慶祝惠澤尊王寶誕，並有大型的神誕活動，十分熱鬧。（按：廣澤尊王與惠澤尊王是福建凌雲葉氏信奉的神明。廣澤尊王俗姓郭，惠澤尊王俗姓葉。）

惠澤尊王寶誕十二月初十

農曆十二月初十是惠澤尊王的寶誕。惠澤尊王，俗名葉森，是福建南安凌雲葉氏始祖三翁公第十一世孫。因為他是凌雲葉氏之先祖，故後人都稱他為「祖伯公」（因筆者為凌雲葉氏之後，故以下都稱惠澤尊王為「祖伯公」）。祖伯公於南宋嘉定元年（公元1208年）羽化登神；從南宋嘉定十七年至清代同治九年，惠澤尊王五次受朝廷敕封，封號累計有廣德、忠應、威武、英烈、惠澤十字，司「代天巡狩」之職（同治帝的加封稱號），地位由庶民晉升至王侯，而祭祀則由鄉間升格為朝廷派遣大臣參與。

神誕三部分祭祀遊神聚餐

居港凌雲葉氏除了信奉惠澤尊王外，更篤信廣澤尊王，故此，在香港鳳山寺籌建之時，出錢出力，與一眾善信籌錢於屯門小坑村買地建廟；而香港鳳山寺自然成為他們重要的一個祭祀場所。自寺廟建成後，每年惠澤尊王寶誕，凌雲葉氏都會聯同寺廟，一起舉辦神誕活動，祈求族人平安、四境清吉。神誕活動，從早到午，可以分為三個部分：祭祀、遊神、聚餐。

祭祀雖然在神誕當天，但葉氏後人大都會提前把自己家裏供奉的神像捧到寺裏神壇供奉；而在神誕那天的清晨，他們都不約而同地來到寺廟幫

忙。在福建道士帶領下，接近二百名葉氏族人向廣澤尊王及祖伯公等神靈一一參拜。道士吟誦的經文是以閩南話誦出，故當天現場以閩南語言，不見原士，活像在福建一般。

祭祀過後，最特別的活動——遊神，終於要了。葉氏族人穿上黃色的外套，把祖伯公安放到神輿之內，然後由四個人，兩前兩後的抬着；而其他人，打着鑼鼓、銃炮旛，浩浩蕩蕩地從寺門出發，士的引領下，神輿會圍繞小坑村走一圈，並會特意在葉氏族人所在之一走，期望能為族人帶來平安，同時也祈佑村民。走了一個圈後，遊神隊伍就會返回寺廟，神壇之前繼續酬神。

然後，神輿會交予年輕族人抬着，因為接下來是作酬會擲花體力了。一時間，年輕人會抬着神輿，並在神壇走三圈；隨着逐漸激動的鑼鼓聲，他們在神猛烈地搖晃神輿。鑼鼓聲與歡笑聲夾雜着，人人分興奮，成為整次神誕活動的高潮。

「搖輿」儀式結束後，神誕活動就進入尾聲。族人會接着一同享用午餐。這些美食都是葉氏的大清早開始預備，而且都是福建的傳統食物，譬如仔乾油飯、甜湯九及寓意長壽吉祥的麵線紅雞蛋等。其實，食物並不算名貴，但卻製造了一個契機，族聚到一堂，成就了每年一度神誕活動的重要意義。

慎終追遠，民德歸厚。惠澤尊王的祖廟雖然還在家但是無阻葉氏對祖宗的思念、對神明的崇拜；而香港鳳山寺，也不覺成為了葉氏族人心中的「祖廟」。

作者介紹

葉德平，博士候選人、香港歷史文化研究會副會長、香港作家聯會成員及大專院校講師。著作包括《戰鬥在香港——抗日老兵的口述故事》、《圍城苦戰——保衛香港十八天》、《楊茂發奇香 消失中的香港客家文化遺產》（筆名）等。

第四節　鳳山藝文

　　香港鳳山寺陳偉洸先生雅好文學，閒時常以香港鳳山寺、廣澤尊王為題，流連風月，賦詩吟詠。今錄其作如下：

〈香港鳳山寺竹枝詞二十首〉

　　其一

　　飄揚旗海映蒼空，陣陣香音亮鼓鐘。

　　上善人家功德種，屯門寶殿聖王公。

　　其二

　　祈拜心誠一炷香，平安靜氣樂千年。

　　天機玄妙求上善，種德悠悠更似仙。

　　其三

　　鳳緣寶地梧桐碧，山寺千年聖火紅。

　　大孝成神能量正，和平意念在心中。

　　其四

　　寶殿紅燈喜羊洋，旌旗颯颯善弘揚。

　　牌樓屹立昆倫頂，絲路神明自故鄉。

　　其五

　　可有文篇讚鳳山，詩溪細水水流長。

　　豐碑聖跡神人愛，海韻高歌百萬章。

其六

屯門聖境勝從前，廣澤尊王鎮寶田。

護國佑民功蓋世，少年能量薄雲天。

其七

大雄寶殿綠梧桐，熠熠紅燈亮鼓鐘。

上善人家鳴大德，國強報與少年功。

其八

三殿輝煌紫氣煙，牧童大孝譜新篇。

眼前聖境心中願，不是功名也是仙。

其九

古剎祥雲飄遠逸，山門旗海最高層。

紅燈閃熾梧桐碧，三次信杯更醉人。

其十

詩山有寺千秋聖，溪水長流万古青。

香火傳播寰宇旺，自強自信少年心。

其十一

屯門聖地鎮王宮，殿宇旌旗繡畫中。

大德良賢薪火遞，詩酬海韻五洲紅。

其十二

問道鳳山坐化神，感恩牧子孝心人。

文明自信承先哲，海韻詩風集大成。

其十三

古寺輝煌香火盛，紫荊艷麗屯門開。

甘霖廣澤銘恩感，合境平安上善來。

其十四

香炷徐徐半碧空，清音點點繞晨鐘。

與人感覺風能定，良景寶田繡彩虹。

其十五

欲結靜心神道緣，一樽清水一支香。

梵音煙繞人行善，玄妙天機去惡先。

其十六

牧子神靈君可見，尊王保境萬民安。

傳承香火人人邇，大愛無疆讚鳳山。

其十七

詩中日月孝成神，山上清流海韻鄰。

一代高風傳異國，千年聖跡啟星辰。

其十八

詩人未爽當年約，山水曾經八陣圖。

事業興邦橾傘豎，寰球聖火鳳山爐。

其十九

良景寶田兆邦天，鳳翔山寺駐神仙。

安民保境香火旺，玉宇瓊樓喜相聯。

其二十

鄉間小徑喜聞香，上善人家種寶田。

名利浮雲根立定，梧桐翠綠鳳凰緣。

楹聯（十二對）

一、廟小空間大　心平境界高（聖公廟）

二、去煩千杯酒　為善一盞燈（燈陣）

三、天機玄妙誠心拜　異象如來並蒂開（聖嬤床）

四、做事修身雙大局　知行合作一能人

五、坐化詩山佑民護國　垂恩香港沸海揚洲

六、大孝成神廣澤天下　奉天承運尊王萬年

七、因緣造化不必望穿秋水　名利浮雲還須立定腳跟

八、誠而祀之使命擔當能量正　善因愛者尊王廣澤再高歌

九、香火鼎盛天下崇敬牧童大孝子　鳳山神靈人間有情四海遞薪傳

十、鳳來儀詩山牧子大孝成神馨古寺
　　水上善香港抱團慈航共渡譽明珠

十一、紅燈高掛聖者何方且留腳步端詳細
　　　孝子封王人民敬仰讓我上香最適宜

十二、牧童封王德行天下星辰日月鳳山寺
　　　游子念祖恩感聖公暮鼓梵音馨寶田

名人傳狀：〈閩南賢達黃培松生平考略〉

　　史上最後一個武狀元——黃培松，字賢禮，號菊三，原籍南安（一說清溪，即今日安溪）。咸豐五年（1855 年）出生於南安洪梅，光緒二年（1876 年）參加武狀元殿試。（原鄉試第二名，上京赴考之時曾牽羊備禮到鳳山寺聖公面前許下宏願。）當此試至「舞關刀」時，體力消耗大半，那關刀重一百八十斤，須舞動一百零八招招式，一輪風馳電騁，颯颯生威至

最後一招，收掣不及，大刀由手脫落，瞬那間，黃氏自身感覺一股力量油然而生，腳一勾，刀提上半空，一百八十度旋轉，然而伸手輕輕一按，腳步立定，作揖，無絲毫破綻。此刻，主考官與傍觀慈禧太后都看呆了，回神後問：卿此何招？黃培松天質聰明，文思敏捷，喘定：稟太后，臣此招為「魁星踢斗」！太后連呼：「真狀元也」！

黃培松自知「聖王公」助其一臂之力是也。光緒四年（即 1878 年）由其父黃位中募建「壯麗異常」之鳳山寺。《大事記》有此記載。民國年代，余之堂伯父在廈門任職，其間與黃氏，及其後人熟絡，對口親耳聽來的，但尚未見有記載，今借《香港鳳山寺與廣澤尊王研究》一角，增添廣澤尊王聖蹟一頁！

參考文獻

專著

- 上海書店出版社編：《中國地方志集成・福建府縣志輯・民國南安縣志》，上海：上海書店出版社，2000 年。
- 于海娣：《中國歷史常識全知道》，北京：中國華僑出版社，2011 年。
- 中華書局辭海編輯所修訂：《辭海試行本・第九分冊・地理》，上海：中華書局辭海編輯所出版，1961 年。
- 王偉光主編：《民俗全書》，哈爾濱：黑龍江科學技術出版社，2012 年。
- 作家筆下的海峽二十七城叢書編委會編：《作家筆下的台南》，福州：海峽文藝出版社，2010 年。
- 李天錫：《華僑華人民間信仰研究》，北京：中國文聯出版社，2004 年。
- 李輝良：《南安掌故》，北京：作家出版社，2003 年。
- 周國光編著：《古代漢語詞類活用例釋》，廣州：廣東高等教育出版社，2013 年。
- 林星：《閩台婚育文化大觀・閩南篇》，北京：中國人口出版社，2012 年。

- 林國平、彭文宇：《福建民間信仰》，福州：福建人民出版社，1993年。
- 林國平：《閩台民間信仰源流》，福州：福建人民出版社，2003年。
- 韋政通：《中國哲學辭典》，長春：吉林出版集團有限責任公司，2009年。
- 徐曉望：《福建民間信仰源流》，福州：福建教育出版社，1993年。
- 袁世全主編：《百科合稱辭典》，合肥：中國科學技術大學出版社，1990年。
- 馬書田：《中國民間諸神》，北京：團結出版社，1997年。
- 張緒欽：《解碼福建》，福建：福建人民出版社，2015年。
- 曹春平：《閩南傳統建築》，廈門：廈門大學出版社，2006年。
- 梁毅：《敕封廣澤尊王史料選輯郭忠福》，新加坡：新加坡南安會館鳳山寺，1996年。
- 陳梅卿：《說聖王・道信仰：透視廣澤尊王》，台南：台灣建築與文化資產出版社，2000年。
- 陳篤彬、蘇黎：《泉州古代科舉》，濟南：齊魯書社，2004年。
- 費孝通：《鄉土中國》，上海：上海人民出版社，2006年。
- 黃志勇：《數字詞語集》，成都：四川辭書出版社，2012年。
- 葉春生主編：《典藏民俗學叢書（中）》，哈爾濱：黑龍江人民出版社，2004年。
- 賈洪波：《中國古代建築》，天津：南開大學出版社，2010年。
- 福建省炎黃文化研究會、世界（澳門）閩南文化交流協會編：《閩南文化的當代性與世界性》，福建：海峽文藝出版社，2015年。
- 鍾禮強：《曇石山文化研究》，湖南：岳麓書社，2005年。
- 〔明〕何喬遠編撰：《閩書》（第一冊），福州：福建人民出版社，

1994 年。

- 〔明〕黃仲昭修纂；福建省地方志編纂委員會主編：《八閩通志（下）》，福州：福建人民出版社，1991 年。

- 〔清〕楊浚：〈路程〉，《島居三錄》，卷三。詳見《台灣文獻匯刊》，第五輯，第十六冊，廈門：廈門大學出版社，2003 年，頁 309－311。

- 〔清〕邑令謝宸荃主修；洪龍見主纂；福建省安溪縣志工作委員會整理：《安溪縣志（清・康熙版）》，不詳：不詳。

- 〔清〕紀昀：《四庫全書總目》，北京：中華書局，1965 年。

- 〔清〕莊成修：《安溪縣志》，廈門：廈門大學出版社，2012 年。

- 〔清〕戴鳳儀纂；戴紹箕參校；黃炳火、黃子文、黃江海、梁海濱、黃禎祝等：《郭山廟志》，北京：中國文聯出版社，1999 年。

- 〔民國〕戴鳳儀總纂；南安縣志編纂委員會整理：《南安縣志》，不詳：不詳，1989 年。

古籍

- 〔元〕托克托：《宋史・志第五十八・禮八（吉禮八）》，《摛藻堂四庫全書薈要》本。

- 〔清〕周學曾等纂修：《晉江縣志》，卷三十八，清道光十年。

- 〔清〕郝玉麟修：《福建通志》，《欽定四庫全書》本。

- 〔清〕莊徐松：《宋會要輯稿》，第二十冊・禮二十（下），哈佛燕京學社影印本。

- 〔清〕黃任修：《泉州府志》，乾隆版。
- 〔清〕楊浚：《四神志略・鳳山寺志略》，清光緒丁亥嘉平版。
- 〔清〕楊浚：《湄洲嶼志略》，卷四，光緒十四年（1888 年）冠悔堂刊本。
- 〔清〕戴鳳儀纂：《郭山廟志》，清光緒朝丁酉秋刊本（板藏詩山書院）。

外語專著

- Beatrice Leung and Shun-hing Chan, *Changing Church and State Relations in Hong Kong, 1950-2000* (Hong Kong: Hong Kong University Press, 2003).

文章

- 王立芳：〈神廟與近代新加坡華僑、華人社會〉，《世界民族》，第四期，2009 年。
- 李天錫：〈福建民間信仰在東南亞的傳播和影響〉，《華僑大學學報（哲學社會科學版）》，第　期，1998 年。
- 李天錫：〈廣澤尊王信仰在華僑華人中的傳播和影響〉，《華僑大學學報（哲學社會科學版）》，第三期，2004 年。

- 卓克華：〈鹿港鳳山寺 —— 牧童化成神，信仰遍台閩〉，載於《新世紀宗教研究》，卷二，第二期，2003 年 12 月 1 日，頁 231 – 272。
- 陳元煦、張雪英：〈關於郭聖王、臨水夫人研究中的幾個問暝〉，《福建師範大學學報（哲學社會科學版）》，第一期，1998 年。
- 陳蓉：《廣澤尊王信仰研究》，福建師範大學宗教學碩士論文，2008 年。
- 郭啟傳：《楊浚傳》，載於張子文、郭啟傳、林偉洲：《台灣歷史人物小傳 —— 明清暨日據時期》，台北：國家圖書館，2003 年，頁 620。
- 廖淵泉：〈郭聖王成神與廣受信仰初探 —— 兼談戴鳳儀先賢《郭山廟志》〉，《泉州民間信仰》，總第十七期，2001 年 12 月。
- 顏章炮：〈台灣民間若干神祇由來辨誤〉，《台灣研究集刊》，第二期，1995 年。

責任編輯　白靜薇
裝幀設計　高　林
排　　版　陳先英
印　　務　林佳年

香港鳳山寺與廣澤尊王研究

作　　者　葉德平
研究助理　劉玲女

出　　版　中華書局（香港）有限公司
　　　　　香港北角英皇道 499 號北角工業大廈 1 樓 B
　　　　　電話：（852）2137 2338
　　　　　傳真：（852）2713 8202
　　　　　電子郵件：info@chunghwabook.com.hk
　　　　　網址：http://www.chunghwabook.com.hk

發　　行　香港聯合書刊物流有限公司
　　　　　香港新界大埔汀麗路 36 號
　　　　　中華商務印刷大廈 3 字樓
　　　　　電話：（852）2150 2100
　　　　　傳真：（852）2407 3062
　　　　　電子郵件：info@suplogistics.com.hk

印　　刷　美雅印刷製本有限公司
　　　　　香港觀塘榮業街 6 號海濱工業大廈 4 樓 A 室

版　　次　2019 年 8 月初版
　　　　　©2019 中華書局（香港）有限公司

規　　格　16 開（230mm×170mm）

ISBN　978-988-8573-02-8